AF592248

E. MARGUERY

L'ŒUVRE D'ART

TROISIÈME ÉDITION, ILLUSTRÉE

LIBRAIRIE FÉLIX ALCAN

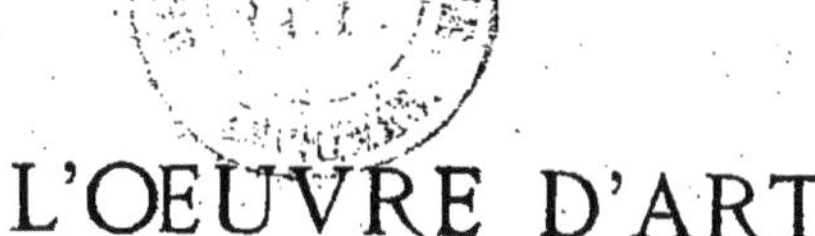

L'OEUVRE D'ART

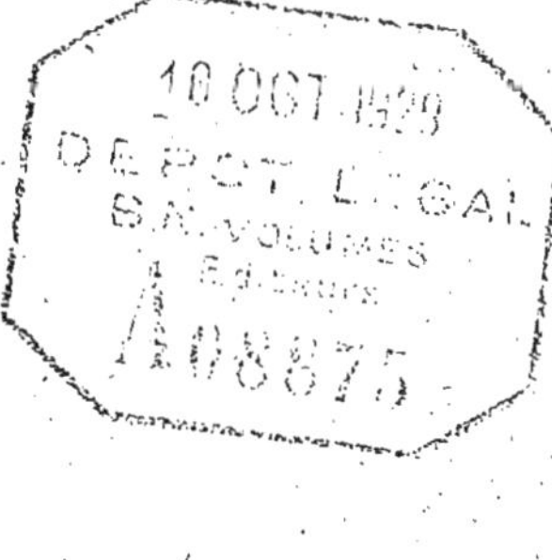

L'OEUVRE D'ART

PAR

É. MARGUERY

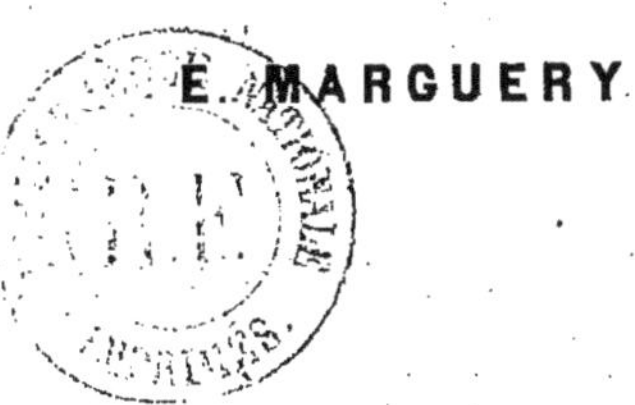

TROISIÈME ÉDITION

PARIS
LIBRAIRIE FÉLIX ALCAN
108, BOULEVARD SAINT-GERMAIN, 108

1929

AVANT-PROPOS

Une après-midi de septembre, roulant à petite vapeur dans la campagne de Naples, nous aperçûmes tout à coup, encadrée par la portière, la silhouette d'un gamin, les deux bras levés, les mains accrochées à une traverse barrant la voie, dans la plus svelte attitude qu'on puisse voir. Nu comme un ver, mais vêtu de bronze par le ciel brûlant, il semblait une statuette vivante, une cariatide ferme autant que gracile, une image animée de quelque divinité puérile de la Grèce antique.

Le train, qui avait stoppé, reprit sa marche et nous songeâmes à ce *fanciullo togliendosi la spina* dont les reproductions peuplent les musées italiens.

Lequel était plus beau du petit corps palpitant en plein soleil ou du *fanciullo* de marbre assis les jambes croisées, un pied dans ses mains, cherchant éternellement son épine ?

Nous posions la question sans la résoudre. Notre esprit n'y voyait qu'une distinction arbitraire. La nature est belle, l'art est beau et l'esthétique est une comme le sens du beau lui-même est unique.

Seulement, qu'est-ce que le sens du beau et qu'est-ce que l'esthétique ? Peut-on analyser et définir cette jouissance supérieure causée par les harmonies de la nature ou leur expression dans l'Œuvre d'art ?

Si l'on devait juger les théories esthétiques sur l'opinion qu'en ont les esthéticiens eux-mêmes, ce jugement serait sévère : phraséologie, termes vides de sens, fantaisies quintessenciées, sensualisme vulgaire ou matérialisme étroit sont des termes fort couramment employés dans bien des exposés critiques. — « Il n'y a pas de science, a-t-on dit, qui ait été plus que l'esthétique livrée aux rêveries des métaphysiciens [1]. » — « Il est regrettable qu'un si grand talent d'écrivain et d'analyste, dit un autre en parlant de Taine, soit consacré à développer une théorie aussi stérile et aussi grossière [2]. »

Nous n'avons l'intention ni d'expliquer ces contradictions, ni de prendre part à ces querelles. Nous n'en voulons tirer qu'une conclusion, c'est que le domaine de l'esthétique est encore insuffisamment délimité et reconnu. De splendides avenues y ont été tracées ; mais il reste encore bien des explorations à faire, bien des points de vue à découvrir. Ce qui suit est une simple étude, un sentier de plus que nous avons tenté de frayer dans cette forêt mystérieuse.

On nous excusera donc de ne pas parler des travaux vénérables de Winkelmann, de Kant, d'Hégel, de Victor

1. *L'Esthétique*, Eug. Véron.

2. *Dictionnaire des sciences philosophiques*, Art. *Esthétique*.

Cousin et de tant d'autres, et de ne citer certaines théories fort originales et plus récentes que pour les critiquer et les combattre. Encore une fois, nous avons voulu faire œuvre de recherche indépendante et nous avons pensé qu'il y avait plus de franchise, de clarté, d'utilité même à nous en tenir au simple développement de nos observations personnelles.

« Les Anglais, dit Taine, ont une habitude très bonne, celle de voyager en pays étranger, et, au retour, d'écrire leurs remarques : les divers témoignages ainsi recueillis se complètent, se contrôlent et se corrigent l'un par l'autre. Je pense qu'en cela, nous ferions bien d'imiter nos voisins, et, pour ma part, je l'essaie [1]. »

C'est un essai du même genre que nous offrons au lecteur, une suite de notes raisonnées sur l'origine, la nature et les conditions de l'Œuvre d'art.

Marseille, juin 1899.

1. *Notes sur l'Angleterre.*

AU LECTEUR

L'accueil fait en France et à l'étranger à cet essai nous a encouragé à le revoir pour en faire disparaître bien des imperfections. Nous n'avons rien modifié aux idées essentielles sur lesquelles il repose. *Les causes du rythme, son rôle décisif dans l'expression artistique, son influence sur le cachet de grandeur ou de grâce de l'œuvre d'art, la faculté pour l'artiste de balancer l'intensité rythmique d'un mouvement par la tension d'un autre mouvement, les conditions précises et les limites de chaque mode d'expression en art,* tous ces aperçus divers n'ont pas, que nous sachions, soulevé d'objection de principe. Nous avons toutefois corrigé certains détails et réparé quelques oublis.

Notre traducteur espagnol nous a accusé fort aimablement d'avoir, sous le couvert d'un essai, écrit un véritable traité d'esthétique. Essai ou traité, nous souhaitons que cet opuscule aide le lecteur à mieux goûter les jouissances individuelles et sociales que peut donner l'œuvre d'art sous toutes ses formes.

Août 1904.

POUR CETTE ÉDITION

Amené à rééditer cette étude sur l'Œuvre d'Art, il nous a semblé utile d'y intercaler quelques dessins éclairant le texte. Puisse-t-elle, sous cette forme plus avenante, trouver auprès des amis de l'Art des sympathies nouvelles.

Novembre 1928.

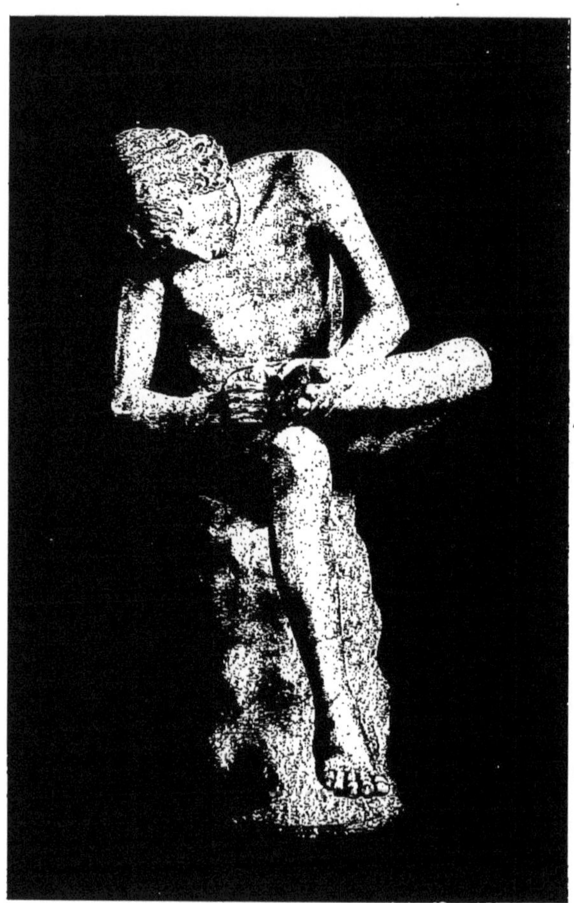

Photo Giraudon.

L'ENFANT A L'ÉPINE

Fanciullo Togliendosi la spina. — Florence.

L'ŒUVRE D'ART

I

L'ŒUVRE D'ART

On peut ramener la plupart des théories sur l'art aux définitions suivantes :

L'art est « le culte du beau », et le beau est « la vertu qu'a l'invisible de nous causer un plaisir désintéressé » ;

L'art est « la Nature vue à travers un tempérament » ;

L'art est « la manifestation du génie artistique ».

Pour l'une, l'objet de l'œuvre d'art est en dehors de la nature ; pour l'autre, il est dans la nature modifiée par l'homme ; pour la troisième, il est dans l'homme seul.

Les Idéalistes ont placé l'objet de l'art en dehors et au-dessus de la nature pour lui donner une valeur absolue. Ils ne pouvaient admettre que la beauté fût chose capricieuse et changeante et ils ont déclaré œuvres d'art les seules œuvres dans lesquelles se reflète un certain Idéal de beauté parfaite et éternelle.

Mais, si les œuvres de nos artistes ne sont que des copies plus ou moins heureuses d'un type éternel et absolu de beauté, comment expliquer la diversité de ces copies ? Comment retrouver l'unité d'un type idéal dans des traductions qui varient dans le temps et dans l'espace, en suivant le cours des âges et en changeant de latitude ?

En architecture, la colonne a cédé la place à l'arceau et à la voûte, puis aux vastes portées des charpentes en fer. Et la beauté architectonique s'est pliée chaque fois aux matériaux nouveaux qu'on lui donnait à mettre en œuvre et en a tiré une sorte d'esthétique nouvelle.

L'arche d'acier du pont de Garabit a autant de robustesse et d'élégance que l'arc de triomphe de Caracalla.

L'architecture n'a pas seulement évolué avec les matériaux qu'on lui offrait, mais avec les sentiments des peuples qui en faisaient usage. Aux temples obscurs, profonds de l'Inde et de l'Égypte ont succédé les gais péristyles du Parthénon et de Pæstum. Aux riches basiliques romano-byzantines, le moyen âge a préféré les hautes et mystiques cathédrales gothiques.

La sculpture s'est modifiée, elle aussi, à travers les âges. La Niobé grecque, gracieuse même dans son désespoir, n'est plus pour les Romains qu'un type de beauté académique. Agrippine, le vieux Balbus, ont déjà cette expression morale que le ciseau moderne tendra à accentuer encore.

En peinture, faut-il choisir entre les profils fins, les teintes plates, les accessoires volontairement simplifiés d'un Holbein ou d'un Clouet et la couleur rutilante, l'orgie des satins et des velours, la richesse de mise en scène d'un Rubens ou d'un Véronèse ? On ne peint plus comme Memling ou Giovanni Bellini, mais nous admirons

Pl. II.

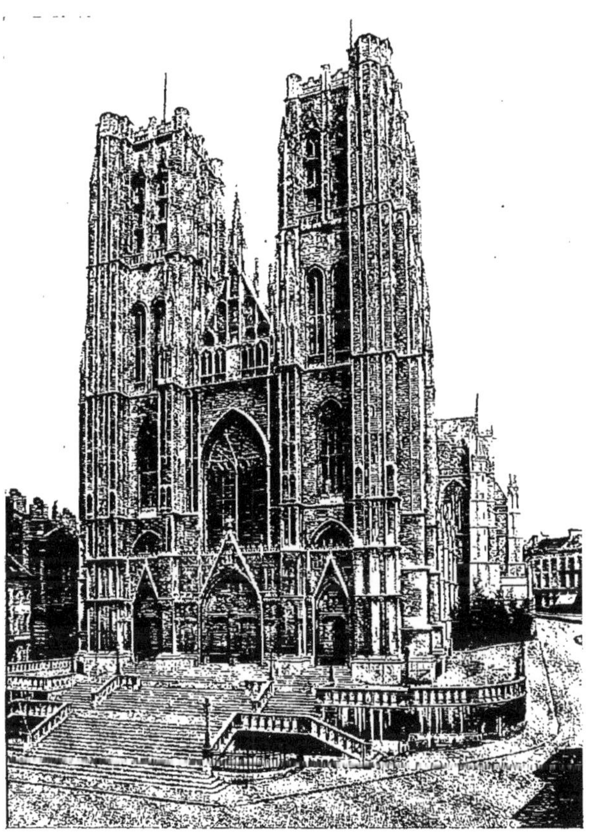

Photo Giraudon.

SAINTE-GUDULE

Bruxelles.

toujours la Châsse de sainte Ursule et les Vierges du doux Vénitien.

Nulle part peut-être l'évolution de l'art n'est plus sensible qu'en musique. Il est certain que Berlioz et Wagner ont été insupportables à leurs premiers contemporains et qu'il a fallu une longue éducation de l'oreille pour goûter l'Invocation à la nature et l'Incantation du feu. Loin de prétendre pourtant posséder seuls la vérité de l'expression musicale, Berlioz adorait Gluck, et Wagner s'inclinait devant Beethoven.

Et à une même époque, ne voyons-nous pas l'art se classer en écoles, ayant chacune sa conception particulière de la beauté mélodique, plastique ou pittoresque ?

L'architecture chrétienne a fait surgir du sol, à moins d'un siècle d'intervalle, en Flandre Sainte-Gudule, en Toscane le Dôme de Pise. Il est difficile d'imaginer deux œuvres plus dissemblables. La cathédrale de Bruxelles, avec ses lignes verticales, ses hauts contreforts, ses murs sévères, semble la forteresse d'une foi jalouse et implacable. Le fouillis de colonnettes élégantes du Dôme pisan, ses parements polychromes, ses étages superposés font rêver au contraire d'un culte tout païen où le sentiment religieux n'est que l'épanouissement des joies d'un peuple.

Le Dôme de Pise vaut la cathédrale flamande, et nul ne s'est trompé. Le Parthénon, Sainte-Sophie, Notre-Dame, — la Vénus de Milo, Moïse, le Génie de la danse, — le portrait d'Érasme et les noces de Marie de Médicis, — l'Alceste et la Damnation de Faust, toutes ces productions si diverses, si contradictoires quelquefois, sont des œuvres d'art incontestées et incontestables. Leurs auteurs ont eu leur idéal, et si cet idéal a différé de l'un à l'autre, c'est qu'il n'était pas un canon invariable qui s'imposait à leur génie.

Soit, dit-on encore, la beauté ne réside pas dans une forme particulière ; elle n'est point un type concret qui s'impose. Mais c'est une idée abstraite et éternelle qui se réalise plus ou moins dans les œuvres du génie artistique. Cette idée abstraite, c'est la perfection des proportions. Lorsqu'elle apparaît quelque part, elle est l'émanation et le signe de cet Idéal de beauté invisible que nous concevons, que nous poursuivons en désespérant toujours de l'atteindre tout à fait.

La perfection des proportions est-elle bien le caractère par excellence de toute œuvre d'art ? Saint-Pierre de Rome serait alors le chef-d'œuvre de l'architecture religieuse. Et pourtant, quelque grandioses que soient sa masse et son admirable ordonnance, cette exacte répartition des dimensions en hauteur, en largeur et en profondeur cause tout justement un sentiment de froideur et de monotonie.

Tout autre est la cathédrale de Strasbourg. Le style est loin d'être uniforme ; il va du roman au gothique primitif pour finir dans l'ogive la plus flamboyante. Une seule tour se dresse, l'autre inachevée : pas de vaste place d'où on puisse avec un peu de recul en mesurer la hauteur; la flèche jaillit à vos pieds mêmes et vous emporte dans l'espace avec une sensation d'arrachement, presque d'angoisse. L'intérieur est disparate ; la nef centrale, mal

Pl. III.

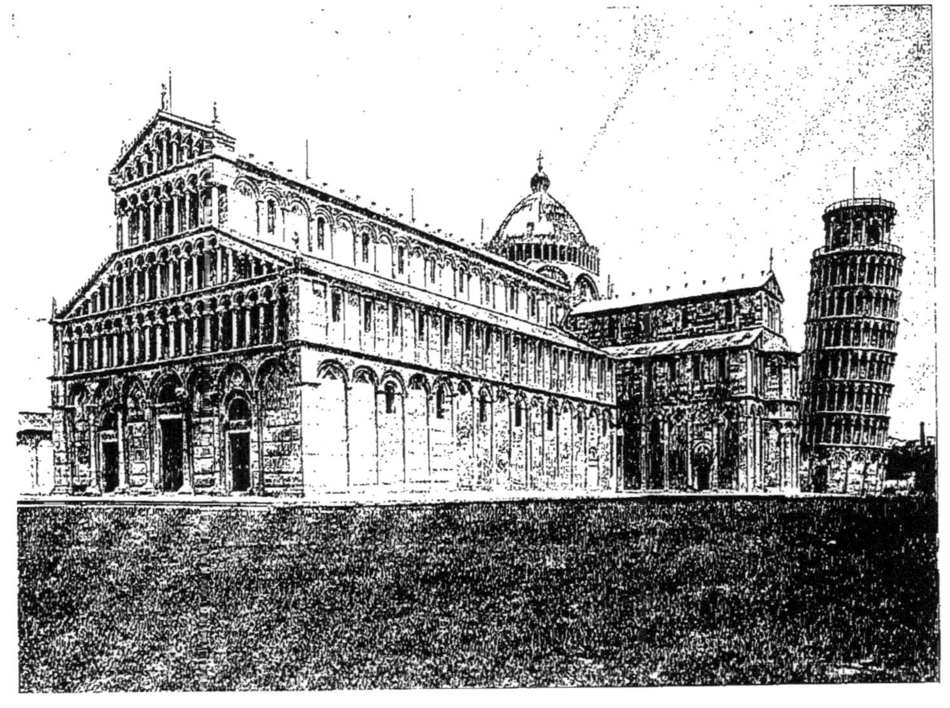

Photo Giraudon.

DÔME DE PISE

reliée au transept et à l'abside, l'abside étroite et lourde. Et pourtant, combien est saisissant ce vaisseau ajouré avec ses hauts piliers, ses vitraux multicolores et son chœur sombre qui fait refluer, pour ainsi dire, les accents religieux de la foule vers la voûte où ils se fondent comme dans une immatérielle harmonie. Qui oserait dire que l'émotion d'art n'est pas ici aussi puissante que devant la basilique vaticane ?

La perfection des proportions, où est-elle dans cet Hercule Farnèse à la tête petite, au cou court, aux épaules tombantes, aux muscles saillants ? N'est-il pas plus vivant, plus idéal, plus beau pourtant que le fade Persée d'un Canova ?

Où est-elle dans ces Syndics que Rembrandt fait causer simplement autour d'une table, sans autre souci que de peindre leurs bonnes faces de marchands de draps ?

Où est-elle dans ces larges récitatifs où Gluck fait passer un frisson tragique ?

Où est-elle dans les imprécations terribles et incohérentes du roi Lear ?

Et dans un art secondaire, la dentelle, pour ne citer que celui-là, n'attachons-nous pas le plus grand prix à l'incertitude, à l'imprévu, à la gaucherie même du tissu péniblement brodé à la main, quand nous méprisons les produits de la perfection mécanique ?

Il est temps de conclure.

S'il est un idéal absolu de beauté, cet idéal se déguise dans les œuvres d'art sous tant de formes diverses qu'il est impossible de le caractériser et de le reconnaître.

La perfection des proportions, loin d'être la condition nécessaire de la beauté, est presque toujours absente des œuvres qui nous attirent et nous émeuvent.

Il faut chercher ailleurs le caractère commun à toute production artistique.

Nous ne nous étendrons pas longuement sur les deux autres définitions de l'Art.

La nature vue à travers un tempérament, c'est l'*homo additus naturæ* de Bacon, qui s'applique indistinctement à toutes les manifestations de l'activité humaine. L'art demande une définition plus précise. La collaboration de l'homme avec la nature n'aboutit pas toujours à une œuvre esthétique. Il faut un don spécial à l'homme qui crée, et en cela, l'opinion qui fait de l'œuvre d'art *la manifestation du génie artistique* est exacte. Mais il faut aussi que la nature observée et traduite par l'artiste soit dans un certain état d'agencement réalisant ce que nous appellerons une *harmonie naturelle*. Ce dernier terme est aussi essentiel que le premier.

L'évolution des choses autour de nous passe par certaines phases d'équilibre mobile. Il s'en dégage alors une impression d'épanouissement, de bien être, de plénitude que le génie artistique nous communique en l'exprimant.

L'objet de l'Œuvre d'art est de fixer de façon durable une manifestation passagère d'équilibre harmonieux. L'artiste fait plus encore. Il peut grouper des harmonies dispersées dans l'espace, additionner des harmonies qui se sont succédé dans le temps. Il a le don miraculeux de

Pl. IV.

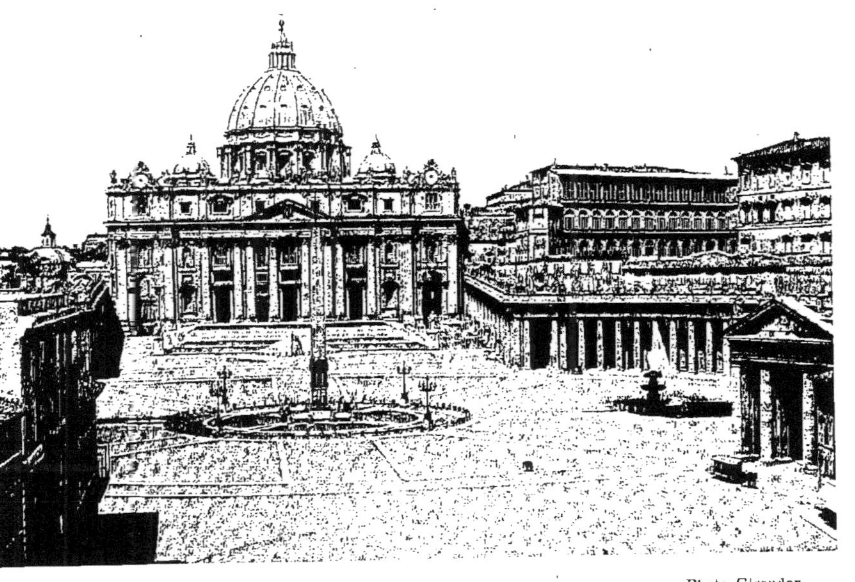

Photo Giraudon.

SAINT-PIERRE DE ROME

condenser en un temps limité et dans un cadre restreint des spectacles qui ont exigé l'espace et la durée pour se dérouler et que nos sens seraient impuissants à embrasser dans leur ensemble. Notre-Dame de Paris résume plusieurs siècles de moyen âge. Ces marbres, où l'art romain nous a conservé la physionomie de ses grands hommes, en disent plus sur leur caractère que les longs récits et les harangues de Tite-Live. Géricault, en quelques pieds carrés de toile, évoque de longues scènes d'angoisse et de désespoir sur le radeau de la Méduse. Une sonate de Beethoven nous fait revivre les émotions tantôt tourmentées, tantôt sereines d'une belle âme qui cherche à pénétrer le mystère de la vie.

Pour réaliser cette condensation des harmonies de la nature, l'artiste est amené à agir avec une certaine liberté. La transcription photographique ne ferait qu'accuser l'infériorité de l'art. Il y renonce : il fait plus et mieux.

Loin de se borner à copier une nature quelconque, il choisit ses sujets, il les redresse, les complète ou les simplifie. Le paysage lui-même ne se peut peindre avec maîtrise qu'à l'atelier, à l'aide des impressions notées sur place, au petit bonheur pour ainsi dire, mais reprises, coordonnées, mises au point dans le silence et la réflexion. L'œuvre d'Art est une synthèse et non une transcription même stylisée de la nature. Claude Lorrain a peint des marines de fantaisie et Ruysdael des cascades imaginaires.

Mais l'un et l'autre ont emprunté à la réalité et les éléments de leur composition et leur mise en œuvre elle-même. Une forme ou une couleur, un ensemble ou une combinaison contraires à la réalité connue ou possible nous choquent comme une erreur ou un mensonge.

Nous ne goûtons les *manifestations du génie artistique* que lorsqu'elles s'inspirent de la nature et édifient sur elle leurs conceptions les plus hardies.

Ce n'est pas rabaisser l'artiste que d'en faire le simple interprète de la nature. Son œuvre ne saurait être au-dessus ou en dehors d'elle. Elle est le seul réservoir de toute beauté. Elle est l'unique créatrice de ces harmonies que l'artiste découvre, qu'il travaille à nous révéler, — dans l'espace — en les condensant dans la pierre ou le bois, sur la toile ou le papier, — dans le temps — en les déroulant dans l'épopée, le drame ou la composition musicale.

Nous essaierons plus loin de définir une *harmonie naturelle*. Examinons toutefois si ce ne serait pas simplement le *caractère* des choses.

Taine, dans son cours célèbre à l'école des Beaux-Arts, nous a laissé sur l'œuvre d'art une analyse d'une rare sagacité. Il écarte successivement la thèse de l'idéal préconçu, celle de l'imitation servile de la nature, celle enfin qui met l'objet de l'art dans la recherche des rapports et des dépendances mutuelles entre les parties. L'artiste n'est esclave ni d'un idéal, ni d'un objet réel, ni d'un canon géométrique ; c'est une âme qui vibre au contact d'une qualité maîtresse, d'un caractère essentiel et dominant.

Son but, c'est de manifester ce caractère essentiel plus clairement que ne le font les objets réels eux-mêmes ;

PL. V.

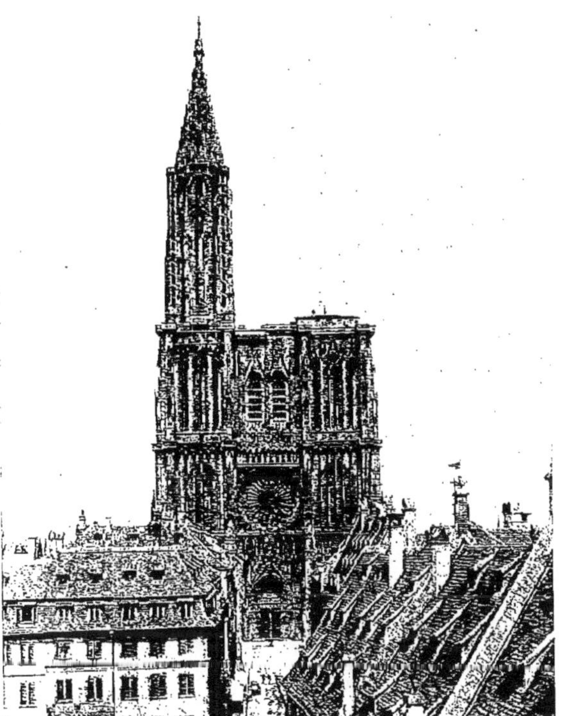

Photo Giraudon.

CATHÉDRALE DE STRASBOURG

ART ET ESTHÉTIQUE

Collection publiée sous la direction de M. Pierre MARCEL
Élégants volumes in-8 écu avec planches hors-texte.

Conçue sur plan nouveau, consacrée tantôt à des biographies d'artistes les plus célèbres, tantôt à des études sur telle ou telle période d'art, la collection « Art et Esthétique » dont la direction a été confiée à un historien particulièrement qualifié, M. PIERRE MARCEL, professeur à l'Ecole Nationale des Beaux-Arts, apporte une note nouvelle parmi les différentes séries destinées à faire connaître au public éclairé l'histoire des peintres, des sculpteurs, des architectes et de leurs œuvres.

Elle a cette originalité de n'être pas rédigée seulement par des historiens, mais aussi par des artistes et des amateurs éclairés qui apportent une conception différente et particulièrement adaptée à chaque sujet traité.

Chaque volume, luxueusement présenté, est illustré des reproductions des œuvres les plus importantes de l'artiste étudié.

Le succès qui accompagne « Art et Esthétique » depuis ses débuts prouve que cette formule est heureuse. De nombreux ouvrages sont en préparation; fortement documentés, agréablement écrits, ils constitueront quand l'œuvre sera complète, une précieuse encyclopédie dont les historiens, les artistes et les gens cultivés ne pourront plus se passer.

Ouvrages publiés

TITIEN, par **Henry Caro-Delvaille.** 12 fr.
VELAZQUEZ, par **Aman - Jean.** 12 fr.
GREUZE, par **Louis Hautecœur.** 12 fr.
HOLBEIN, par **L. Fougerat.** 12 fr.
HOKOUSAI, par **Henri Focillon**, 2e édition.................. 12 fr.
PUVIS DE CHAVANNES, par **René Jean**, 2e édition........... 12 fr.
GIORGIONE, par **Georges Dreyfous** .... 12 fr.
WILLIAM MORRIS, par **G. Vidalenc** .... 12 fr.
REMBRANDT, par **Ch. Coppier.** 12 fr.
DEGAS, par **Henri Hertz**.. 12 fr.
LE CARAVAGE, par **G. Rouchès.** 12 fr.
GOYA, par **Jean Tild**....... 12 fr.
COURBET, par **André Fontainas.** 12 fr.
L'ART NORVEGIEN CONTEMPORAIN, par **G. Vidalenc**... 12 fr.
MEMLING, par **Georges Huisman.** 12 fr.
LES ARTISTES ECRIVAINS, par **P. Ratouis de Limay**..... 12 fr.
HOGARTH, par **André Blum** 12 fr.
PHIDIAS ET LE GENIE GREC, par
L'ANCIEN ART BULGARE, par **Bogdan Filow**............. 12 fr.
Henry Caro-Delvaille..... 12 fr.
CONSTANTIN MEUNIER, par **André Fontaine** .... 12 fr.
L'ART ET LES ARTISTES EN POLOGNE, par **Jan Topass**, trois volumes : Tome I........ 12 fr.
Tome II....... 15 fr.
Tome III...... 15 fr.
AU CHEVET DE L'ART MODERNE, par **Guillaume Janneau.** 12 fr.
EUSTACHE LE SUEUR, par **Gabriel Rouchès** .... 12 fr.
ROLL, par **A.-Ferdinand Hérold.** 12 fr.
SODOMA, par **Charles Terrasse.**
SCHONGAUER, par **Claude Champion** .... 12 fr.
ROPS, par **André Fontainas.** 12 fr.
L'ART BELGE, depuis 1830, par **André Fontaine**........... 12 fr.
L'ART MAROCAIN, par **Georges Vidalenc** .... 12 fr.
ASSISE, par **Georges Lafenestre.** 15 fr.
JEAN MARTIN, par **Pierre Marcel** .... 15 fr.
BONINGTON, par **A. Dubuisson.** 15 fr.
RODIN, par **L. Riotor**...... 15 fr.
LA PEINTURE SUEDOISE CONTEMPORAINE, par **P. Lespinasse** .... 15 fr.

c'est, ce caractère dominant, de le rendre dominateur.

« Le caractère essentiel d'un lion, dit Taine, c'est d'être un grand carnassier [1]. » Et ramenant tous ses traits à ce caractère, il décrit ses dents en ciseaux, sa mâchoire formant deux redoutables tenailles, ses muscles énormes, ses pieds aux griffes rétractiles, ses cuisses se détendant comme un ressort, et conclut que l'artiste doit en faire une sorte de mâchoire montée sur quatre pattes. C'est bien ainsi, en effet, que l'a compris et rendu notre Puget dans le Milon de Crotone. Son lion n'est qu'un paquet de muscles supportant une colossale mâchoire.

Oui, sans doute, l'œuvre d'art met en relief certaines qualités maîtresses et caractéristiques. Mais est-ce là son but unique ? Le caractère d'un homme, d'un objet une fois défini et accusé, l'artiste a-t-il terminé son œuvre ? Si cela est vrai, si l'art doit uniquement accuser une tendance et faire dominer une impression sur toutes les autres, plus le procédé sera simple, plus l'effort sera concentré, resserré sur un seul point, et plus l'œuvre sera parfaite. La tour Eiffel qui n'est du reste ni disgracieuse ni inélégante, donne, plus encore que la flèche de Strasbourg, la sensation de la hauteur. Pourtant on ne saurait appeler la tour Eiffel une œuvre d'art.

Les Christs sanglants que les Italiens appellent une *Pietà* exaltent en effet au plus haut point le sens de la pitié. Les bois de Gustave Doré, dépeignant les cercles de

1. *Philosophie de l'Art.*

l'Enfer du Dante, donnent des supplices et des souffrances des damnés une effroyable image.

Est-ce là vraiment de l'art, et doit-il s'hypnotiser dans la contemplation d'un seul caractère, fût-il essentiel, et l'exagérer, fût-il pénible et repoussant ?

Quand Hugo décrit un abject crapaud, quand il dit de lui que « la Mort difficile le trouvait si hideux qu'elle le repoussait », n'est-ce pas, au contraire, pour nous rafraîchir le cœur par contre-coup, en nous montrant la générosité de l'âne qui lui fait grâce ? Ne met-il pas une âme douce et aimante dans le corps ignoble de Quasimodo ?

Quand Rembrandt nous fait revivre les pouilleux de la Judée, n'est-ce pas pour faire rayonner sur leurs têtes la pure figure du Christ ?

Et dans le Milon de Puget, le corps du jeune lion, souple, nerveux, tout vibrant de force et de férocité, n'a-t-il pas pour contraste voulu le vieux lutteur au torse lassé, aux membres amaigris, aux muscles déprimés par l'âge ? N'y a-t-il pas là autre chose qu'une étude de griffes et de mâchoires ?

Non, l'accentuation d'un caractère noble ou vil, attirant ou odieux, n'est pas le but suprême, le but unique de l'art. Ce n'est qu'un moyen d'expression, un procédé. L'œuvre d'art répond à une conception plus haute.

Cette conception, quel est son objet ?

Quelle est cette chose mystérieuse que l'artiste poursuit et nous dévoile par une étude passionnée de la nature et une synthèse géniale d'idées, de lignes, de surfaces, de couleurs, de sons ou de paroles ?

Si l'œuvre d'art n'est pas l'émanation d'un idéal surnaturel ; si elle n'est pas davantage une copie plus ou moins altérée de la réalité, elle est pourtant l'expression de quelque chose qui existe dans la nature, que l'homme doué d'émotivité sent plus ou moins confusément, que l'homme cultivé peut analyser, mais que l'artiste seul est capable de traduire. Cette chose, nous l'appelons une *harmonie naturelle*.

L'art est l'expression des harmonies de la nature. L'œuvre d'art est l'illustration de son évolution, l'image durable de ses créations passagères, la fixation sous une forme sensible de ces harmonies fugitives et impondérables que nous sentons confusément et que l'art sait nous révéler.

L'évolution a sa philosophie, pourquoi n'aurait-elle pas son esthétique ?

Dans le monument colossal qu'il a élevé, Herbert Spencer a fait une part aux sentiments esthétiques ; mais il les considère comme une sorte de jeu d'esprit, une simple distraction de la conscience qui se récrée à ses moments perdus, à revoir en image les objets qui ont provoqué précédemment des jouissances matérielles. La peinture d'un paysage nous émeut, dit-il, par le souvenir des joies éprouvées à la campagne, dans le grand air et la liberté. La musique nous touche en évoquant les cadences de la voix humaine et les sentiments attachés à ces cadences.

Est-ce là tout le secret de l'esthétique ?

N'y a-t-il pas une jouissance immédiate dans la simple contemplation de certaines œuvres de la nature ? Leur reproduction dans une œuvre d'art ne nous cause-t-elle pas une émotion immédiate aussi, distincte de nos autres émotions et qui n'en est pas simplement le reflet ? N'est-il pas possible, en prenant pour guide les principes mêmes de l'évolution, de définir la nature de cette émotion spéciale et de déterminer la genèse et le développement de l'œuvre d'art ?

C'est l'objet des pages qui suivent.

II

L'HARMONIE DE LA VIE

La poursuite de la vie, d'une vie de plus en plus complexe, de plus en plus haute, paraît être le but suprême de toute matière et de tout mouvement.

Sous les multiples aspects que rêvet la nature en travail, sous la variété prodigieuse de ses créations minérales, végétales ou animales, nous retrouvons toujours la matière pour objet, le mouvement pour moyen, l'équilibre pour but.

Pressées par des énergies mystérieuses dont nous ignorons l'origine et l'essence, les particules de la matière semblent faire effort pour leur échapper.

Elles se condensent, se cristallisent, s'agrègent, se combinent, s'organisent suivant des affinités mystérieuses elles aussi, pour former des groupes plus ou moins complexes, qui se maintiennent pour un temps dans un état de défense contre l'action déprimante de leur milieu.

Et chaque fois les énergies externes, contenues mais jamais lassées, s'attaquent de nouveau à ces groupes transitoires, s'accouplent avec eux, les désorganisent, les décomposent, les désagrègent, les liquéfient, les volatilisent, entraînant la matière à d'autres métamorphoses.

Ce cycle indéfini se déroule sans repos ni trêve. Les roches cristallisées, comme les produits les plus délicats de la flore et de la faune terrestre, ne sont que des œuvres d'un jour ou d'un siècle dont l'équilibre est constamment menacé jusqu'à l'heure où la roche s'effrite, où la plante, l'animal se décomposent et meurent.

Mais à chaque effort nouveau de coordination de la matière, la nature nous révèle des combinaisons plus variées, des équilibres plus complexes, des formes mieux harmonisées, des êtres d'une organisation plus haute.

Le spath d'Islande, simple cristal de carbonate de chaux dans les roches primitives, se retrouve transformé en marbre blanc des statuaires dans les roches secondaires stratifiées.

Dans ces roches secondaires apparaissent déjà quelques types inférieurs de végétaux, quelques algues marines qui sont comme l'ébauche, les premiers poils de l'opulente chevelure qui ombragera plus tard tous les continents.

Chez les animaux, l'embryon des espèces actuelles est une sorte de portrait, conservé par la nature, de ses essais primitifs, créatures plus imparfaites transformées les unes après les autres par une évolution indéfinie.

Dans l'histoire du globe chaque être nouveau surgit ainsi, mieux adapté à son milieu, c'est-à-dire plus exactement équilibré avec les énergies extérieures à lui. Rien ne permet de croire que ce progrès ait jamais un terme.

C'est qu'en face de cette complexité croissante de la

matière, des énergies nouvelles se manifestent, de plus en plus complexes elles aussi, qui déterminent la continuité de son évolution. Les énergies en jeu dans la matière dite brute étaient simples comme la cohésion, l'affinité et la pesanteur. La roche désagrégée, devenue terre végétale, sera soumise à des énergies beaucoup plus intimes, les actions chimiques. Transformée en plante, la matière en subira d'autres d'un degré plus élevé, les actions biologiques. Chez l'animal enfin, nous nous trouvons en présence d'énergies plus subtiles encore, les énergies psychiques, et chez l'homme, le devoir moral et social.

Chaque étape n'est franchie, chaque transformation de la matière n'est effectuée qu'après une lutte plus ou moins longue. Action et réaction se heurtent par une suite de battements rythmés qui sont comme les palpitations de cette gestation universelle. Peu à peu le rythme s'affaiblit, le mouvement s'apaise, l'équilibre s'établit, l'œuvre apparaît, organisme ou combinaison plus ou moins éphémère, c'est une *Harmonie naturelle.*

Le charbon fondu s'est fait diamant, le gland enfoui est devenu chêne, la chrysalide endormie se réveille papillon. Toutes ces harmonies sont de même ordre, toutes sont de la matière et du mouvement rythmés et coordonnés dans un équilibre de plus en plus complexe, toutes sont des œuvres de vie.

La vie est, en effet, chose autrement large et compréhensive que la simple évolution d'une plante ou d'un quadrupède.

Si une définition de la vie est encore à trouver, c'est que loin d'être un phénomène déterminé, d'apparence, de durée, d'énergie constantes, la vie est au contraire un ensemble de relations indéfiniment variées du mouvement et de la matière.

En réservant même le mot d'être vivant aux seuls agrégats suffisamment coordonnés pour former ce que nous appelons en langage courant un individu, nous sommes amenés à classer ensemble un polype corallidé et l'architecte Charles Garnier par exemple ; il est vrai que tous deux sont constructeurs de somptueux édifices. Mais ce n'est pas tout. Le règne végétal, lui aussi, est incontestablement doué de vie : l'algue comme la rose, s'accroît, respire, se multiplie et meurt. Et dans le règne minéral même, ne constatons-nous pas ce que Gœthe appelle des affinités électives, une tendance à l'organisation, à l'accroissement, suivie de dissociation, c'est-à-dire de mort ? Les mouvements de la sève dans la plante sont-ils plus coordonnés que l'agrégation méthodique des molécules minérales dans les formations cristallines ? La transformation du silicate d'alumine en émeraude, saphir ou rubis n'est-elle pas aussi étonnante que l'apparition d'une moisissure sur un vieux tronc pourri ? Et chaque minéral ainsi cristallisé n'a-t-il pas sa physionomie propre, son individualité, qui permet de le classer et de le reconnaître ? N'est-il pas soumis, comme l'animal ou la plante, bien qu'à un moindre degré, à l'influence du chaud, du froid et des agents atmosphériques ? Ne voit-on pas l'opale se décolorer et *mourir ?*

Sans doute, il y a un abîme apparent entre les affinités minérales et la puissance assimilatrice de la cellule ; mais en admettant même que la génération spontanée demeure une hypothèse invérifiable, n'est-il pas hors de doute que la vie cellulaire n'a pu exister de tout temps sur notre globe, qu'elle n'est qu'un développement des affinités minérales, une combinaison plus perfectionnée, une correspondance plus subtile entre les molécules inorganiques?

La vie n'est donc, à proprement parler, qu'un ensemble simultané et successif de relations coordonnées de plus en plus complexes au sein de certains agrégats de matière et de mouvement ; et sa valeur se mesure au degré même de complexité physique, puis intellectuel et moral dont chaque individu peut être doué.

Pouvons-nous pousser plus loin l'analyse du grand mystère de la vie ? Pouvons-nous espérer découvrir la raison de l'énergie elle-même, celle du moins du rythme qui l'accompagne, de sa tendance à s'organiser, à s'individuer en s'équilibrant ?

Sur l'essence de l'énergie nous ne savons rien, comme nous ne savons rien sur l'essence de la matière qui en est animée. Mais si nous ignorons la nature de l'énergie, nous savons du moins qu'elle s'incorpore à la matière à des degrés et sous des modes divers.

Tantôt le mouvement est latent au point qu'il est insensible à nos sens ; le corps est dit alors à l'état d'inertie, inertie apparente, car il suffit d'abandonner ce corps à lui-même en cessant de le soutenir pour qu'il tombe, c'est-à-dire qu'il manifeste un mouvement vers le centre de la terre.

Tantôt au contraire ce mouvement est tellement rapide qu'il ébranle presque instantanément toutes les parties du corps qui en est imprégné quelle que soit leur étendue : tel un courant électrique dans un fil télégraphique.

Entre ces phénomènes extrêmes se place toute une série de manifestations de l'énergie dans la matière : son, chaleur, lumière, électricité, magnétisme ne sont que des noms commodes sous lesquels nous rangeons certains modes de mouvement dont elle peut être imprégnée. On sait aujourd'hui que tous ces prétendus agents physiques sont équivalents, peuvent se transformer de l'un en l'autre et ne sont en réalité que les formes diverses de l'énergie universelle qui anime toute matière.

Le mouvement peut varier en *intensité* et en *tension*. L'intensité est sa puissance, la tension sa vitesse de propagation par rapport à d'autres mouvements dans une même unité de temps. — La voix de femme possède une tension supérieure à celle de l'homme ; aussi transmet-elle plus nettement à travers un tube acoustique une conversation rapide ; mais son intensité est moindre, et dans un tuyau de longueur considérable, la voix d'un baryton se fait encore entendre lorsque celle d'un soprano a cessé d'être perceptible.

Quel que soit le mode de mouvement produit, quelles qu'en soient l'intensité ou la tension, ce mouvement ne se communique d'un corps à un autre que par une suite de battements rythmés. On leur a donné le nom de vibrations ou ondulations suivant que les corps ébranlés sont plus ou moins denses. Ce rythme est la conséquence de l'impénétrabilité de la matière.

La matière est impénétrable en ce sens que deux corps ne peuvent en même temps occuper le même espace. Il en suit que tout corps, si infime qu'il soit, ne peut, au même instant, se mettre en contact avec toutes les parties d'un autre corps : car, s'ils se touchaient par toutes leurs parties à la fois, ils occuperaient le même espace. Si donc un corps doué de mouvement est mis en contact avec un autre, c'est avec sa surface seulement et avec une fraction limitée de cette surface. C'est à cette seule portion de ce corps qu'il pourra communiquer son mouvement propre ou plutôt son excès de mouvement. Par corps doué de mouvement, il faut, en effet, entendre simplement un corps doué d'un mouvement supérieur à celui du corps avec lequel il est mis en contact.

A ce contact l'échange se fait du corps possédant un excès de mouvement vers l'autre et il s'opère par la surface mise en contact. Après un temps variable suivant la tension du mouvement communiqué et qui est d'autant plus court que cette tension est plus grande, la surface absorbe un mouvement suffisant pour être en équilibre. Elle est saturée et s'oppose à toute communication ultérieure. Mais pendant ce temps, les parties en arrière de la surface ébranlée ont été mises à leur tour en communication avec le mouvement transmis à l'enveloppe extérieure qui les isolait de la source du mouvement. Cette communication s'effectue en vertu d'une propriété particulière de la matière que nous nommons cohésion quand il s'agit de choc, conductibilité quand il s'agit de chaleur, son, électricité. Ces parties se chargent à leur tour aux dépens de la surface saturée et la déchargent. Celle-ci, déchargée, redevient apte à se charger de nouveau, à se saturer et à se décharger encore, et cela jusqu'à ce que le corps moteur ait perdu tout son excès de mouvement et que les deux corps se trouvent en équilibre dans toutes leurs parties.

Ces alternatives d'absorption et de décharge sont le rythme du mouvement. Il ne saurait manquer que dans l'hypothèse irréalisable et inconcevable d'un corps se mouvant dans un vide absolu.

Lorsqu'une pierre tombe à la surface d'une eau dormante, elle y creuse une sorte de puits en écartant et refoulant tout autour d'elle une lame d'eau cylindrique. Cette lame d'eau, comprimée entre la pierre et le reste de la masse liquide, remonte à la surface et y forme un bourrelet hémisphérique. Mais la lame d'eau contiguë et concentrique à la première a été ébranlée à son tour par cohésion ; elle se charge d'une partie du mouvement du bourrelet qui s'abaisse pendant qu'elle-même se relève pour former un anneau de hauteur suffisante pour être en équilibre avec le bourrelet et le contenir. Cet anneau se décharge à son tour sur une troisième lame d'eau concentrique et lui passe la moitié de son mouvement ; déchargé et n'ayant plus que le quart du mouvement total communiqué par la pierre, l'anneau se charge de la moitié du mouvement qui se trouve en excès maintenant par rapport à lui dans le bourrelet primitif. Décharge nouvelle en arrière et échange indéfini jusqu'à ce que la dernière portion infinitésimale de mouvement se transforme en chaleur, électricité, etc.

Telle est la genèse des ondes concentriques qui courent à la surface des eaux. Ce même rythme accompagne toutes les formes du mouvement. Deux corps de chaleur inégale, mis en contact, équilibrent la température de leurs surfaces ; mais la partie échauffée perd aussitôt la température reçue en la transmettant au reste de sa masse ; de là nouvel échauffement suivi de décharge jusqu'à l'équilibre définitif. Les ondes lumineuses, les ondes sonores ont la même cause et le même ordre de succession.

Si le mouvement ainsi rythmé est la source unique de tous les phénomènes de la nature comment une harmonie, c'est-à-dire une coordination équilibrée, peut-elle résulter de cette série d'actions et de réactions rythmées des corps avec leur milieu, c'est ce qu'il nous reste à rechercher.

Nous savons que lorsque deux forces sont appliquées au même point, l'effort total qui en résulte représente tantôt leur somme, tantôt leur différence, tantôt une certaine proportion entre leur différence et leur somme. Mais, invariablement et dans tous les cas, la direction de cette résultante incline vers la plus grande des deux forces. Inversement, lorsqu'un corps en mouvement se heurte à deux forces ou résistances inégales, il inclinera sa direction vers la plus faible de ces forces.

Cette loi mécanique semble tracer à tout atome ou agrégat en mouvement une ligne, dite ligne de moindre résistance qui n'est que la résultante générale des forces diverses qui le sollicitent. Le mobile évolue vers le milieu le moins résistant, le moins puissant, le moins hostile. Et le mouvement se poursuit jusqu'à ce que l'équilibre soit obtenu.

Les gaz de la poudre à canon enserrés entre la culasse et le boulet, triomphent de la moindre résistance du projectile et l'emportent avec eux à travers l'âme de la pièce. Mis en présence du mercure, l'or abandonne invariablement le plomb, le cuivre ou l'argent pour s'amalgamer. Chez les végétaux on ne voit pas seulement la tige se pencher, se développer de préférence vers les rayons vivifiants du soleil, on voit aussi les racines parcourir le sol avec une sagacité merveilleuse, se redresser quand elles rencontrent des couches infertiles, s'étendre, s'infiltrer, se ramifier pour atteindre les moindres parcelles de matériaux de nutrition. Les animaux par leurs migrations témoignent à leur tour de leur intuition de la ligne de moindre résistance. Comme un ballon échappe à la pression atmosphérique, en s'élançant vers des régions moins denses, l'hirondelle fuit les froids précoces en s'envolant vers des pays plus hospitaliers.

Chez la perdrix qui bat de l'aile pour attirer à elle le chasseur et le détourner de sa couvée, l'amour maternel est plus fort que la crainte de la mort même. Et dans le cœur du soldat qui se sacrifie pour son drapeau, l'amour plus pur encore de la patrie fait taire tout autre sentiment que l'honneur.

Chaque atome, molécule, agrégat, organisme paraît ainsi influencé tour à tour par les mobiles divers, physiques, intellectuels ou moraux qu'il rencontre sur sa route et évoluer en côtoyant la ligne de moindre résistance. S'il ne se heurte pas à un obstacle infranchissable, son évolution ne s'arrête que lorsque l'équilibre est obtenu et que ses forces internes sont exactement balancées par les forces extérieures à lui.

L'eau versée dans une théière remonte dans le col jusqu'à ce qu'elle soit au même niveau qu'à l'intérieur. Le mercure d'un thermomètre placé dans le creux de l'aisselle s'y échauffe jusqu'à la température interne du corps humain. Toute combinaison chimique repose sur le phénomène de saturation. Chaque corps en épouse un autre suivant des proportions définies, et, une fois cette proportion atteinte et l'équilibre obtenu il rejette toute portion en excès : en traversant un mélange quelconque d'oxygène et d'hydrogène, une étincelle électrique transforme en eau exactement deux volumes d'hydrogène et un d'oxygène.

Il n'est pas de plus merveilleux exemple de mouvement équilibré que la structure des animaux et des plantes. Chez celles-ci la puissance végétative se développe autour de la tige en ramifications d'autant plus déliées, souples et étalées qu'elle sont plus imprégnées d'air, de chaleur et de lumière, d'autant plus fortes, rigides et denses qu'elles sont plus exposées au froid ou à la violence du vent. Tantôt, sous un climat hostile, elles se hérissent en minces aiguilles, se groupent en pyramides pour mieux résister aux intempéries ; tantôt, dans les régions tropicales, elles s'étalent en larges feuilles charnues ou en panaches exubérants ; tantôt enfin, dans les régions tempérées, elles s'arrondissent en sphère, comme pour témoigner de leur parfaite adaptation, de l'équilibre presque mathématique de toutes leurs parties avec un milieu ni trop vivifiant ni trop hostile.

Chez les animaux, il suffit de rappeler la disparition des organes devenus inutiles par cessation de fonction pour montrer que l'exercice, c'est-à-dire la correspondance constante de ces organes avec leur milieu, est la raison même de leur existence. Les poissons aveugles de la Poïka attestent que la résistance du milieu à la vue peut aller jusqu'à supprimer la vue elle-même.

Dans l'ordre psychique nous voyons la personnalité, c'est-à-dire l'individualité morale, se dégager, se former, s'organiser sous l'influence de l'hérédité, du milieu et de l'éducation, et tendre à un équilibre particulier qui est le caractère.

Enfin, la persistance de l'esprit de nationalité à travers des siècles de conquête et de domination étrangère démontre la même tendance invincible à l'équilibre dans l'organisation mentale des sociétés.

La ligne de moindre résistance, en traçant au mobile sa route, en le sollicitant jusqu'à ce qu'il ait trouvé son équilibre, pousse ainsi chaque atome, chaque molécule, chaque individu, à des combinaisons de plus en plus complexes.

L'agrégat, puis l'organisme en résulte, et, loin d'être le terme dernier de l'évolution de la matière, ils en jalonnent simplement la route et disparaissent bientôt pour entrer dans des combinaisons nouvelles.

Un équilibre définitif dans le temps et dans l'espace, une juxtaposition exacte de toutes les énergies de la matière est en effet chose aussi impossible à concevoir qu'à réaliser. Il y aura donc toujours quelque énergie en excès sur un point, détruisant l'équilibre péniblement atteint et contraignant les mobiles équilibrés à se dissocier où à s'agréger plus fortement. Mourir ou croître, tel est le dilemme qui se pose au brin d'herbe comme aux sociétés policées.

La goutte d'eau isolée s'évapore ou s'unit au ruisseau qui l'emporte, puis au fleuve, puis à la mer. L'avalanche, roulant du haut des montagnes, grossit ou s'évanouit en fumée. La plante, l'animal, croissent ou se dépriment et meurent. Les peuples colonisent ou tombent en décadence.

Tout mouvement une fois manifesté ne peut plus s'éteindre. Tout mobile suit la ligne de moindre résistance, s'équilibre avec les autres corps en mouvement, forme, soit avec eux, soit contre eux, des combinaisons de plus en plus complexes, s'agrégeant à des mobiles plus puissants ou se dissociant pour céder à des attractions nouvelles. Les métamorphoses féeriques des poètes sont peu de chose à côté de celles d'un atome parcourant les étapes indéfinies de l'évolution de la matière et de l'énergie.

Il est douteux toutefois que l'évolution soit déterminée par une loi fatale qui s'impose tyranniquement à tous les corps, à tous les êtres. Si cela était, le monde serait inondé d'harmonies, car le déroulement des phénomènes s'accomplirait avec une régularité merveilleuse.

Il apparaît au contraire que chaque corps, chaque particule de matière est douée d'une énergie propre et indépendante et que l'obéissance apparente à la ligne de moindre résistance est conditionnée par le caractère de chaque particule, agrégat, organisme individuel ou social.

Des énergies physiques, chimiques, intellectuelles, morales, se heurtent, se mêlent, s'équilibrent suivant leurs affinités propres, et aboutissent à cette variété dans l'unité qui caractérise toute œuvre de vie, toute harmonie naturelle. Un point, un germe jeté dans l'espace attire à lui, groupe, organise autour de lui, d'après leur puissance, leurs vertus, leurs sympathies particulières, d'autres atomes, puis d'autres molécules ; et, lorsque cette organisation en formation, ou déjà équilibrée, rencontre des organisations rivales, une lutte nouvelle s'établit où le plus puissant l'emporte, désorganisant les autres pour leur imposer une subordination étroite et les distribuer suivant le même ordre d'affinités qui a réglé l'organisation des atomes au sein de la molécule.

L'éclosion d'une rose n'est ainsi que l'épanouissement de ces énergies obscures qui agitent chaque grain de terre au contact des racines, le dissocient de ses groupements organiques ou inorganiques, font pénétrer ses éléments par osmose dans les canaux radiculaires, les poussent à s'élever par capillarité dans les vaisseaux de la tige aérienne, à s'échauffer, à s'oxygéner dans les cloisons minces de la feuille, à s'y baigner de lumière et à sourire enfin dans la corolle éclatante de la fleur.

Une harmonie naturelle n'est qu'un des moments, une des mille faces de l'harmonie et de la vie universelle.

III

GENÈSE DU SENS ESTHÉTIQUE

La vie, à tous ses degrés, nous environne de toutes parts. De tous côtés nous assistons à un travail incessant de coordination de la matière sous l'impulsion d'énergies toujours renaissantes. Et nous-mêmes, plongés dans ce milieu, nous en sommes le jouet jusqu'à la mort.

Notre vie n'est qu'une accommodation continuelle de notre organisme, une lutte où il est tantôt dominé, tantôt dominateur, tantôt déprimé, tantôt épanoui.

Chaque dépression exige une réparation plus ou moins immédiate. Chaque réparation est suivie d'une dépression nouvelle. Notre vie, comme toute vie, est un équilibre mobile.

La dépression de notre organisme se manifeste par des sensations pénibles, les besoins ; la réparation provoque en sens inverse des sensations agréables, les jouissances.

L'activité de notre être a donc pour cause l'influence déprimante de notre milieu, pour objet ce même milieu où il doit puiser les matériaux réparateurs, pour instruments les divers organes appelés sens sous lesquels nous groupons nos sensations tant internes qu'externes, pour but la jouissance qu'amène la satisfaction du besoin et le développement de l'équilibre organique.

Nos besoins sont plus ou moins fréquents, plus ou moins impérieux. Il en est, tels que la respiration, qui doivent être satisfaits à chaque minute de notre existence sous peine de mort. D'autres, la faim, le sommeil, ne reviennent qu'à certains intervalles ; d'autres enfin, tels que les appétits sexuels, peuvent être méconnus, sans compromettre nécessairement le fonctionnement normal de l'organisme.

Quand le milieu est favorable à l'exercice de son activité, l'homme arrive, par un labeur approprié, à satisfaire ses besoins et à se mettre en équilibre avec ce milieu. Mais l'équilibre implique le repos, et le repos est l'antithèse de la vie : nous avons dit qu'elle est un équilibre mobile d'une incessante complexité. A mesure que certains sens s'apaisent par la satisfaction du besoin qui les excitait, d'autres s'éveillent, provoqués par des besoins secondaires que de plus violents avaient masqués jusque-là.

C'est vers le milieu du repas qu'un amphitryon fait servir ses vins fins, parce qu'alors seulement l'estomac apaisé permet au palais d'en retenir le bouquet et d'en analyser la saveur. C'est en sortant de table que le palais émoussé laisse l'odorat respirer avec délices le parfum d'un havane. Et quand nos sens les plus grossiers sont ainsi rassasiés de jouissances matérielles, d'autres sens plus élevés entrent en jeu ; nos yeux, nos oreilles, qui sont des organes eux aussi, deviennent libres d'exercer à leur tour leur activité. Aux jouissances de la table succèdent le ballet, le spectacle, le concert, joies de la vue et de l'ouïe qu'on ne peut goûter que lorsque tous nos autres sens sont repus. Le proverbe le dit crûment : ventre affamé n'a pas d'oreille.

Chacun de nos sens est ainsi successivement sollicité par les besoins qu'il est apte à satisfaire ; et les excitations se font jour dans l'ordre précis de l'urgence de ces besoins au point de vue de la conservation et du développement de notre énergie vitale.

L'activité dépensée à une besogne de moins en moins matérielle, prend un caractère de désintéressement, de détachement des appétits vulgaires bien différent en apparence de l'utilité réparatrice satisfaisant au besoin de boire, ou de manger. Il y a toujours besoin pourtant et toujours effet utile sur l'organisme ; mais besoin et jouissance sont d'une essence supérieure, c'est le fonctionnement d'une sorte de sens épuré qu'on a nommé sens esthétique.

L'objet de notre sens esthétique, c'est la perception de ces œuvres de la nature, combinaisons plus ou moins complexes, plus ou moins stables, d'autant moins stables le plus souvent qu'elles sont plus complexes, de ces métamorphoses successives, de ces accouplements féconds de matière et de force qui sont l'évolution naturelle des choses. C'est Kant lui-même qui déclare que le « concept de la finalité de la nature est une source de plaisir [1] ».

1. *Critique du jugement.*

Cette harmonie fait sur nos sens une impression indéfinissable ; elle nous cause une jouissance qui diffère des plaisirs de la table, de l'agrément du chaud et du frais, de l'inspiration d'un air pur à pleins poumons et des voluptés sexuelles. C'est une commotion plus intime qui fait vibrer tout notre être à l'unisson, comme le son d'une note dans un piano sans étouffoirs ébranle toutes les notes en relation avec elle. Cet équilibre perçu, éveillant notre propre équilibre et le mettant en communication avec lui, nous fait concevoir que nous aussi sommes des êtres organisés, équilibrés, doués de sensibilité et d'aptitude à la lutte, que nous vivons en un mot et que nous enfermons en nous une parcelle de la vie et de l'harmonie universelles.

C'est une sorte de prise de possession, de communion avec le monde extérieur dont l'équilibre se surajoute à notre propre équilibre. Nous nous mirons en lui comme dans une glace ; nous nous fondons en lui comme la voix d'un humble coryphée se perd dans les masses chorales de Bach où de Hændel, comme l'âme du citoyen s'unit à cette âme supérieure qui s'appelle la Patrie.

Et nous sommes heureux de cette sorte d'anéantissement passager. Loin de nous croire amoindris, diminués par cette communion avec les grandes harmonies de la nature, nous nous sentons plus grands et plus forts. Nous sommes initiés à ses mystères, nous sommes une partie d'elle-même. Nous ne nous sentons plus l'être isolé, vagabond, étranger au monde et en lutte perpétuelle avec lui ;

déjà nous l'avons partiellement conquis pour nos besoins les plus grossiers ; cette fois il nous a livré son secret, nous sourit et nous attire, nous sommes à lui et il est à nous.

Et plus le mystère est délicat, plus la jouissance est délicate. Plus subtile est l'harmonie perçue et plus exquise est la sensation qu'elle éveille, plus haute l'activité qu'elle met en jeu.

Planpraz était il y a quelques années encore une misérable auberge près du col du Brévent, sur la route de Chamonix à Sixt. Il nous souvient d'une émotion intense éprouvée là en face de l'énorme masse du mont Blanc, un soir d'été au coucher du soleil.

Il est huit heures. Dans ce fossé profond de mille mètres qui nous en sépare, le silence se fait et sur la vallée court une ombre vaporeuse, piquée çà et là de quelques points lumineux. Le soleil s'abaisse doucement, dorant et rosant tour à tour les pics, les dômes, les aiguilles, tandis que l'ombre monte voilant les champs de neige d'une gaze noirâtre. L'ombre s'élève, enveloppe l'un après l'autre comme d'une gaine souple chaque rocher, chaque pilier de ce temple colossal. Le Dôme du Goûter a disparu ; la tête du géant émerge seule, luttant quelques instants encore ; puis la dernière lueur rose s'éteint.

A ce moment, comme pour sourire à la nuit nouvelle, une immense clarté s'étend sur le massif, déchire son linceul d'ombres et illumine une dernière fois ses reliefs, ses anfractuosités, ses flancs de neige et ses fleuves de glace. C'est une sorte de crépuscule argenté, d'une douceur infinie et pourtant plus éblouissant que les teintes roses de tout à l'heure. Peu à peu et lentement la vision se décolore et s'évanouit ; la nuit, une nuit de plus en plus noire et dense, lui succède.....

Impressions fugitives, vibrations insaisissables de la lumière, rythmes impondérables des surfaces, harmonies intangibles et pourtant écrasantes, l'homme est une cellule, en face de l'immensité ; mais cette cellule est vivante et son activité consciente peut embrasser le monde et le contenir tout entier.

IV

GENÈSE DE L'ŒUVRE D'ART

Si le rythme et l'équilibre sont les modes constants d'activité de la matière, si ce rythme et cet équilibre tendent spontanément à l'harmonie, notre sens esthétique doit être comblé de jouissances ininterrompues. Il n'en est rien, on le sait : ces jouissances sont rares et rarement complètes. C'est d'abord que tout mouvement traverse une longue suite de métamorphoses, avant d'aboutir à un équilibre harmonieux. C'est ensuite que les harmonies naturelles sont transitoires. Si un diamant peut luire pendant des siècles, un coucher de soleil dure quelques instants à peine. Plus l'équilibre est complexe, moins il est assuré d'être stable. Puis, même lorsqu'il est simple et durable, il a besoin d'une vibration passagère pour nous émouvoir. Le diamant ne vaut que par ses reflets étincelants au jeu des lumières ; le rocher ne manifeste son harmonie que lorsque sa silhouette se détache sur un ciel bleu, ou se fond dans une brume légère ou flamboie aux lueurs du soleil levant. Tout change à toute heure autour de nous, la forêt qui bruit au moindre souffle, et le nuage

Pl. VI.

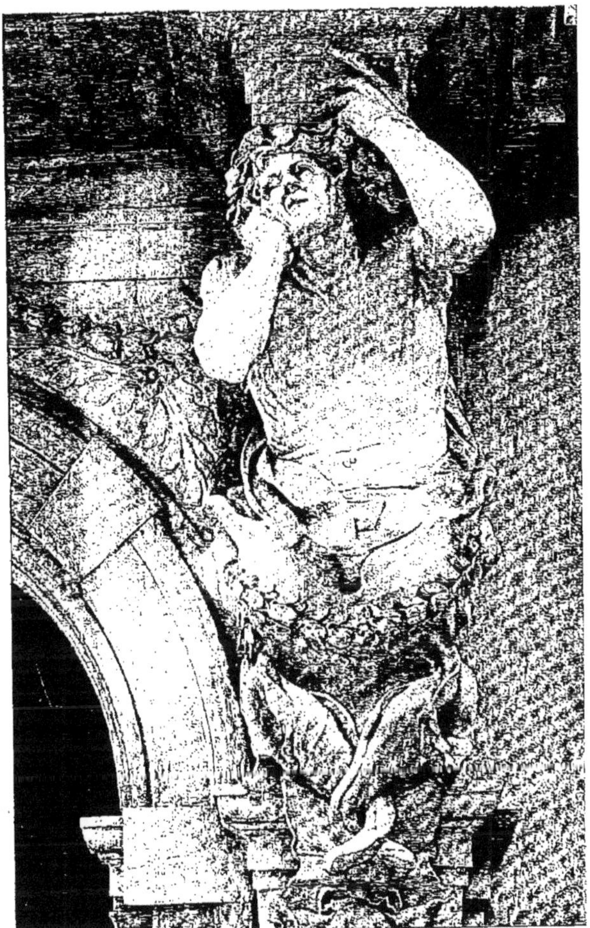

Photo Giraudon.

CARIATIDE DE PUGET

Hôtel de Ville de Toulon.

qui vole, blanchit, s'irise et s'assombrit tour à tour, et la mer qui, même calme, ondule sous l'action des courants sous-marins et se nuance des mille gradations ou dégradations de la lumière.

C'est pourquoi nous sommes tentés de fixer ces harmonies passagères. L'œuvre d'art est la plus haute prétention de l'homme. Grain de sable jeté dans ce monde en travail, il a l'ambition d'en arrêter l'évolution perpétuelle, de donner la durée à ce qui passe, de retenir ce qui fuit, d'immortaliser ce qui meurt.

Et c'est ainsi que le sentiment esthétique conduit à l'art. La forêt de Fontainebleau a inspiré toute une école de paysagistes ; les jeux olympiques ont jadis fourni aux sculpteurs grecs les lignes pures de leurs types immortels.

Chaque biographie de peintre, de sculpteur, de musicien, de poète contient une légende naïve ou ingénieuse, gracieuse ou dramatique sur la révélation de son génie au contact d'une harmonie saisissante. Giotto enfant est surpris par Cimabue dessinant sur le sable la silhouette d'une chèvre confiée à sa garde. Lorsque Puget construisit le portique de l'hôtel de ville de Toulon, il avait pris l'engagement de faire œuvre de simple architecte décorateur ; le prix modeste de quinze cents livres stipulé pour ce travail l'indique assez.

« Mais, dit son biographe [1], dès qu'il eut touché à cette pierre de Calissanne, douce et fine comme le marbre, la fièvre lui monta au cerveau, et lui, qui n'avait jusqu'alors

1. *Pierre Puget*, par Léon Lagrange.

taillé que des ornements de bois et une ou deux figures de fontaine, lui qui venait de passer cinq années à peindre, il se sentit tout à coup plus sculpteur que jamais et, vaille que vaille, il se jeta sur la pierre à corps perdu.

« Plus d'une fois, sur le quai où s'élevait le nouvel édifice, Puget, en surveillant ses ouvriers, avait assisté au débarquement des céréales qui s'opérait et qui s'opère encore à cet endroit. Il avait vu les portefaix à demi nus, tels qu'on les voit encore aujourd'hui, aller chercher à bord des navires les charges de blé, descendre, courbés en deux, la planche qui relie le navire au rivage, et, par un puissant mouvement d'épaules, vider le sac aux pieds des vanneurs. L'artiste y découvrait la beauté de la nature en travail. Le penseur y lisait le drame de la force humaine. Un jour, il prit une poignée de terre glaise, et, de ce pouce hardi qui vivifie toute matière, il modela une figure de portefaix : le ballot sur la nuque, les bras relevés, les muscles tendus, le torse coupé de saillies et de ravines, les jambes nerveuses, tout auprès une proue de navire antique, c'est à la fois l'impression traduite de verve et le premier germe d'une œuvre non définie. Un autre jour, comme il cherchait pour son balcon de l'hôtel de ville, une forme de console neuve et originale, l'idée s'éclaira tout à coup : aux consoles rêvées se substituèrent les cariatides qui s'agitaient devant lui. Deux portefaix d'alors ont laissé une réputation de vigueur proverbiale, et même un nom a survécu, celui de Marc Bertrand, dit Marquetas. Entre les deux rivaux ce n'étaient que paris à se rompre le cou. Puget saisit les athlètes au bon mo-

PL. VII.

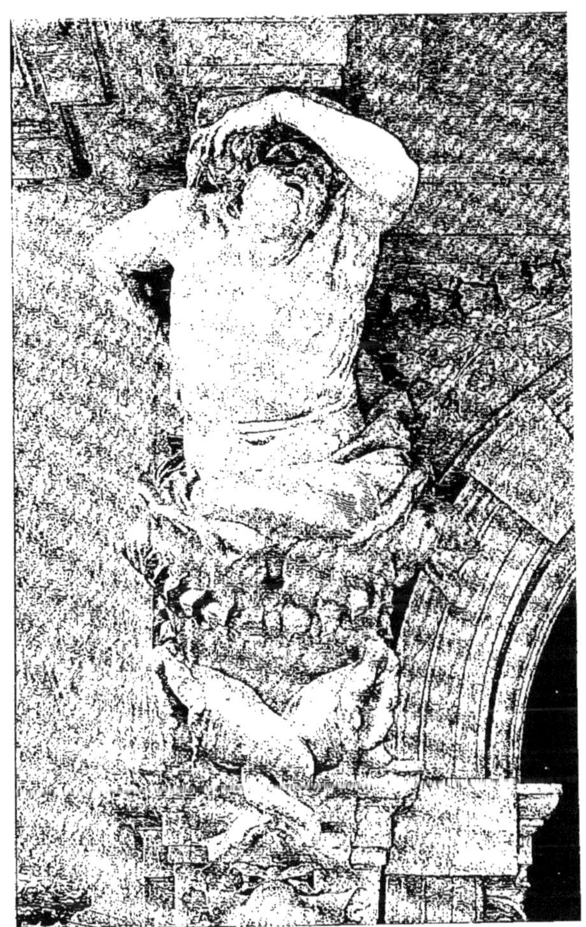

Photo Giraudon.

CARIATIDE DE PUGET

Hôtel de Ville de Toulon.

ment et les incrusta au mur de l'hôtel de ville. L'un, haletant, va succomber sous le poids qui l'écrase, l'autre, d'un poing crispé soutenant sa tête qui se brise, maudit le défi qu'il a porté. »

Le besoin de reproduire et de fixer les harmonies naturelles pour pouvoir en jouir à toute heure n'est pas la seule cause de l'œuvre d'art. De même que nous faisons appel à nos semblables pour nous aider à porter un fardeau trop lourd, de même que nous cherchons à partager avec eux les émotions qui dépassent et épuisent notre sensibilité, de même nous aimons à communiquer nos joies intellectuelles et morales ; car loin de s'amoindrir, elles s'avivent par le partage.

Et il y a une sympathie esthétique comme il y a une sympathie morale et intellectuelle. A partager les émotions esthétiques on les développe, on les multiplie par répercussion.

Si peu avancée que soit la psychologie des foules, il est constant qu'il y a une âme dans les hommes assemblés, âme qui se superpose à l'âme individuelle, vibre avec elle et augmente chez chaque individu la capacité émotionnelle [1]. C'est cette âme sociale que l'œuvre d'art supérieure cherche à éveiller. Après avoir satisfait la curiosité

1. Chaque individu dans une multitude a sa portion de prudence et de vertu. Réunis en assemblée, ils forment un corps organisé à l'instar d'un seul homme, corps qui a ses pieds, ses mains, ses sens et qui a aussi ses mœurs et son intelligence. Voilà pourquoi la multitude est le juge le plus sûr des ouvrages de musique et de poésie. (ARISTOTE. *Politique*.)

individuelle, l'artiste met sa gloire à susciter des émotions plus hautes, à trier dans les esprits les plus délicates facultés, les instincts les plus immatériels, à leur offrir des jouissances dignes d'eux, à les unir dans une sorte de communion supérieure.

L'art se forme ainsi par degrés. Sentir l'harmonie des spectacles de la nature, tenter d'en saisir et d'en fixer l'essence, c'est-à-dire le rythme et l'équilibre, communiquer cette sensation à d'autres, atteindre cette âme sociale qui est son sujet par excellence, car elle n'est sensible ni à la faim ni à la soif, ni au chaud, ni au froid, et ne s'émeut que de sensations pour ainsi dire immatérielles, c'est là son but suprême. Augmenter nos jouissances sociales, c'est élever notre vie sociale. C'est cet art social qui peu à peu a transformé les huttes primitives où l'Égypte abritait ses dieux et ses foules en prière en temples fastueux, pétrifications colossales des sentiments d'adoration de tout un peuple. C'est lui qui inspirait à Palestrina, ces hymnes d'une largeur et d'une plénitude quasi divines, par lesquelles il apaisait les âmes pieuses troublées par les mondanités de la Renaissance et les imprécations de la Réforme.

« Je ne crois pas me tromper, écrivait Bettina à Gœthe, en disant que Beethoven marche en tête de la civilisation humaine. Et qui sait si jamais nous le rejoindrons ? Puisse-t-il seulement vivre jusqu'à ce qu'il ait donné la solution de la sublime énigme de son esprit ! Alors il nous léguera sûrement la clef d'une initiation qui nous permettra de monter d'un degré de plus vers la béatitude.

Je crois à un charme divin, élément de la nature spirituelle ; ce charme, Beethoven l'exerce dans son art ; tout ce qu'il t'en dira est de la magie pure ; chez lui, tout arrangement procède simplement de l'organisation d'une existence supérieure, et lui-même sent qu'il est fondateur d'une nouvelle base par laquelle la vie spirituelle se révèle aux sens. Lui-même ne dit-il pas : « Dès que j'ouvre les yeux, je me prends à soupirer, car ce que je vois est contre ma religion, et je méprise le monde qui ne comprend pas que la musique est une révélation plus sublime que toute sagesse, que toute philosophie, qu'elle est le vin qui inspire les créations nouvelles ! Moi je suis le Bacchus qui pressure pour les hommes ce nectar délicieux ; c'est moi qui leur donne cette ivresse de l'esprit, et quand elle a cessé, voilà qu'ils ont pêché une foule de choses qu'ils rapportent avec eux sur le rivage. Je n'ai pas d'amis, je suis seul avec moi-même ; mais je sais que Dieu est plus proche de moi dans mon art que des autres. J'en agis sans crainte avec lui, parce que j'ai toujours su le reconnaître et le comprendre. Je ne crains rien non plus pour ma musique, elle ne peut avoir de destinée contraire; celui qui la sentira pleinement sera à tout jamais délivré des misères que les autres traînent après eux [1]. »

1. GŒTHE. *Correspondance.* Schindler, le consciencieux biographe de Beethoven, critique le langage un peu emphatique prêté par Mme d'Arnim au grand artiste qui, dit-il, n'aimait que ce qui était simple et nu sans aucune trace d'ostentation. Mais il ajoute : « Tout ce que Bettina écrit néanmoins sur la manière dont Beethoven parlait de son art est exact. Il représentait pour lui la plus haute philosophie. »

V

CRÉATION DE L'ŒUVRE D'ART

La création d'une œuvre d'art comprend trois moments distincts : la découverte des harmonies naturelles, l'analyse des éléments essentiels de ces harmonies, leur traduction expressive provoquant l'émotion esthétique.

Sentir, découvrir une harmonie naturelle n'est pas une faculté uniquement réservée à l'artiste proprement dit. S'il en était autrement, lui seul pourrait goûter sa reproduction dans l'œuvre d'art. Analyser même les ressorts mystérieux de ces harmonies est une opération où entre encore moins d'art que de science. C'est le savant qui calcule l'aire des surfaces et leurs relations, qui mesure les ondulations de la lumière et les gradations et dégradations de teintes qui en résultent, qui compte les vibrations des sons et note les rapports mathématiques que nous nommons accords ou octaves.

Ici pourtant, l'art devance souvent la science. L'artiste devine ce que le savant démontrera plus tard. Sans connaître exactement les lois de la résistance des matériaux, le constructeur primitif sent que certaines lois s'imposent dans l'agencement architectural des pleins et des vides. Sans avoir appris la craniométrie, le sculpteur grec donne d'instinct à ses divinités l'angle facial ouvert qui est la marque des hautes races. Ignorant des lois de juxtaposition des couleurs complémentaires, le peintre a noté pourtant de bonne heure cette exaltation des verts par les rouges, comme le musicien a senti dans certaines superpositions de sons, les accords que le physicien mesurera par la suite. Sans rien savoir des règles de perspective ou de projection, l'artiste saisit dans les objets de multiples surfaces, la silhouette, le contour, la ligne, dans le mouvement harmonieux, quel qu'il soit, le rythme, la coordination, l'équilibre.

C'est ce rythme, cette coordination, cet équilibre qu'il s'efforce de reproduire, d'abord sous leurs formes les plus simples, puis avec une complexité croissante.

Et c'est là le dernier moment de l'œuvre d'art, celui qui est proprement œuvre d'artiste. Ici il ne suffit plus de sentir ou d'analyser une impression d'harmonie ; il ne suffit plus de goûter et de disséquer un rythme des surfaces, des ondes lumineuses ou des vibrations sonores. Il faut faire apparaître ces rythmes ou en créer d'autres de même ordre ou d'ordre équivalent et les coordonner de manière à traduire cette harmonie aux sens et à l'intelligence de la foule.

L'artiste est le prêtre du temple de la nature, chargé d'en révéler les beautés.

Sentir est œuvre d'instinct ;

Analyser, œuvre d'intelligence ;

Traduire, œuvre d'art.
Comment traduire ?

Pour donner à nos sens l'impression d'une harmonie naturelle, il suffirait, si cette harmonie était durable, de la dégager et de la fixer. Dans bien des cas c'est chose possible. Tout l'art des jardins ne repose que sur un aménagement, une disposition rythmée des forces végétatives de la nature. Isoler un conifère, grouper des arbustes en massifs, découper des pelouses, les fermer par le rideau d'une haute futaie, c'est une œuvre modeste de collaboration qui demande pourtant une étude approfondie des caractères du paysage et l'intuition d'une harmonie qui se manifestera quelquefois plusieurs années après le tracé et la plantation première.

C'est sur lui-même que l'homme applique d'abord son activité artistique.

On a fait des volumes sur l'art de la parure chez nos frères inférieurs. Cette coquetterie se manifeste de bonne heure chez l'homme.

Le tatouage, la danse ont pu avoir une origine rituelle. Mais le sens esthétique amène le sauvage à user de ces signes et gestes symboliques pour accentuer la symétrie harmonieuse de son corps. Le tatouage, les bracelets, les colliers en font ressortir au repos les proportions heureuses. La danse les montre en mouvement par une succession de poses et d'attitudes rythmées.

De son corps l'artiste passe à sa demeure. C'est d'abord une grotte dont il régularise les dimensions et rythme les parois, suivant les besoins, les goûts et les mœurs de ceux qui l'habitent. Et il découvre ainsi l'architecture, vêtement de pierre de l'humanité, qui tire son caractère esthétique de cette accommodation même de sa structure au genre de vie de ceux qu'il abrite. Modeste coquille à l'origine, l'œuvre de l'architecte prendra plus tard des proportions colossales, mais elle ne sera toujours que l'enveloppe solide enfermant une famille ou un groupe, s'adaptant à leurs goûts, à leurs relations, à leur vie sociale, et manifestant l'âme et le génie de ses habitants en les cristallisant, pour ainsi dire, dans ses lignes sereines ou ses contours agités.

Si variés que puissent être les modes de collaboration de l'art avec la nature, l'artiste trouve bientôt ce rôle de simple metteur en scène trop restreint et trop servile. Il aspire à exprimer à sa guise et dans sa langue l'harmonie partielle qui l'a plus particulièrement frappé.

Parer une tête ne lui suffit plus, il la reproduira, gravée sur la surface polie de ses armes ou sculptée sur leur manche. Il transcrira le chant des oiseaux au moyen d'un roseau percé. Il construira une demeure appropriée plus exactement à ses goûts qu'une simple grotte. Il notera sous forme de récit, de drame, les péripéties des événements qui ont agité son milieu social et abouti par un dénouement heureux ou malheureux à un équilibre saisissant.

Enfin arrive l'émancipation complète. L'artiste, après avoir transcrit la nature, aspire à la maîtrise à son tour. Il ne lui demande plus que de la matière et du mouvement qu'il rythme et équilibre, en s'inspirant des harmonies de la nature, mais en les combinant à son gré.

Le pilier qui supporte sa demeure est un fût imité d'un tronc d'arbre ; au chapiteau il sculpte des cheveux de femme, à la base une griffe de lion. Les parois sont ornées de figures purement géométriques et idéales ou de personnages humains groupés dans des attitudes arbitraires. La musique devient un ensemble de sonorités simultanées ou successives qui ne prend dans la nature que des vibrations et des rapports dont elle compose une langue expressive.

Dégager les harmonies de la nature, en extraire les rythmes les plus subtils et les exprimer sous une forme sensible, s'en inspirer enfin pour combiner des rythmes artificiels et créer des harmonies imaginaires, telles sont les étapes de l'affranchissement progressif de l'œuvre d'art.

Si haut qu'il s'élève, l'artiste ne saurait rêver pourtant une indépendance absolue. Il dépend de la nature par les inspirations qu'il y puise, par les matériaux de l'œuvre qu'il met au jour, et il en dépend encore par les relations de cette œuvre avec le milieu où elle est placée, où elle vit.

Avant, pendant, après, il ne domine la nature qu'à condition de l'épouser pour ainsi dire et de deviner son humeur et ses caprices. Lors même qu'il semble s'en affranchir le plus complètement, dans la composition musicale par exemple, il retombe aussitôt pour l'exécution sous le joug des instruments ou des voix ; et, là même où son œuvre se suffit, là où elle dure et vibre par elle-même, elle n'en est pas moins à la merci de son milieu et ne saurait échapper à l'évolution universelle.

Mais évolution n'est pas nécessairement synonyme de désorganisation et de mort. L'action du temps sur l'Œuvre d'art peut être même, au début surtout, heureuse et bienfaisante.

C'est lui qui patine les couleurs du peintre et en adoucit les heurts et la crudité. C'est lui qui voile la blancheur trop éclatante du marbre et lui donne ce poli moelleux et ces tons fauves qui font à la statue une sorte d'épiderme ambré.

C'est lui qui, en vieillissant un Stradivarius, en rendant sa structure homogène, fond ses résonances en un timbre d'une pureté et d'une suavité pénétrantes.

C'est lui enfin qui corrige les erreurs des architectes.

On a beaucoup disserté sur la nature de l'impression d'art causée par les ruines. On l'a trop souvent confondue avec l'impression morale qui s'en dégage.

Herbert Spencer, poursuivant sa thèse de la superfluité de l'art qui n'est pour lui qu'un jeu d'imagination, attribue aux ruines une valeur esthétique d'autant plus grande qu'elles manifestent plus évidemment leur inutilité. Pour lui, le beau n'est beau qu'à condition d'être entièrement dégagé de l'utile. « Les châteaux en ruine [1], dit-il, voilà encore un exemple tout prêt de cette métamorphose, qui de l'utile tire le beau. Pour les barons

1. *L'Utile et le Beau.*

féodaux et leurs tenanciers, il s'agissait d'être en sécurité : c'était le but principal, sinon le seul, qu'on eût en vue, dans le choix qu'on faisait d'un site et d'un style pour ces forteresses. Probablement ils visaient au pittoresque aussi peu que les entrepreneurs de *maisons économiques en briques*, dans nos villes modernes. Mais ce qui avait été bâti pour être un abri et une sauvegarde, ce qui, dans ces anciens temps, avait, dans l'économie de sa société, un rôle important, est maintenant devenu pur ornement. Ces ruines sont le théâtre de nos pique-nique ; on les met en tableaux pour décorer nos salons ; elles fournissent le pays environnant de légendes pour la veille de Noël. »

N'est-ce pas là rabaisser singulièrement les œuvres de l'industrie humaine ? Serait-il vrai qu'elles n'ont une valeur artistique que du jour où elles ne répondent plus aux sentiments et aux besoins qui les ont fait naître ?

Deux œuvres colossales se sont élevées en Provence dans un but purement utilitaire, le pont du Gard et le pont de Roquefavour. Le pont du Gard, dû aux Romains, à demi ruiné aujourd'hui, garde assurément l'empreinte du génie patient de ses constructeurs ; mais celui de Montricher, tout neuf encore, ne donne pas une impression moins saisissante. Ses piliers robustes, ses arcades élancées, ses bossages aux aspérités rudes ont un caractère de simplicité puissante que le temps ne saurait accroître. Cette silhouette grandiose se profilant entre deux montagnes n'est pas un aqueduc vulgaire, c'est la fontaine monumentale digne d'alimenter la vieille cité phocéenne qui a derrière elle vingt-cinq siècles d'histoire.

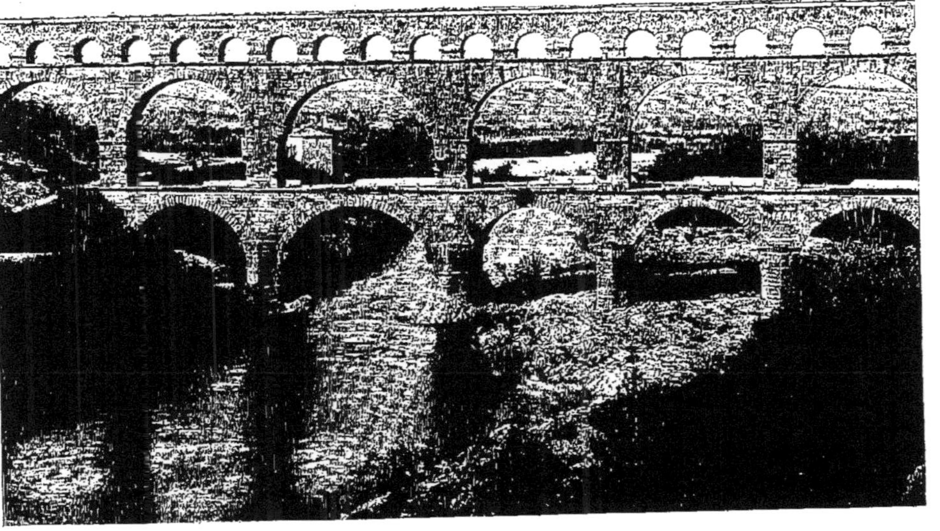

Photo Giraudon.

LE PONT DU GARD

Il est pourtant des constructions qui gagnent à être en ruine ; mais ce sont celles dont l'exécution s'est trouvée inférieure à la conception. Toute idée déchoit, a-t-on dit, en se réalisant. Le temps efface ces défaillances de la main envers la pensée. La nature est ici la grande harmonisatrice. Elle a fait disparaître de préférence les parties les moins résistantes, celles qui étaient mal équilibrées, mal reliées avec les autres, tout ce qui était surcharge d'ornement, superstructure prétentieuse, placage superficiel. S'il est vrai que l'œuvre de l'architecte n'est pas « une construction que l'on décore, mais une décoration qui se construit », tout ornement qui n'est pas attaché à ses entrailles mêmes n'est qu'une superfétation illogique, et la nature, en supprimant ces appendices morbides avec brutalité, fait justement apparaître l'ossature véritable, le corps et l'âme du monument.

Qui souhaiterait voir minutieusement restauré le Colisée ou les Thermes de Caracalla ? Les Romains, solides bâtisseurs, mais artistes médiocres, ont élevé des monuments étonnants par leurs dimensions ou leur masse, mais n'ont su les orner que d'attributs postiches empruntés aux ordres grecs ; leurs frontons, leurs pilastres, leurs corniches imités de l'appareillage en colonnes et plates-bandes, jurent avec leurs voûtes et leurs lourds blocages au ciment. Le temps, en les détachant des substructures massives qui les supportent, n'a-t-il pas fait œuvre d'épuration et de goût ?

On ne voit pas au contraire ce que gagne le Parthénon à être en ruine. Et il faut bien dire que la nature a eu moins de part que les hommes à sa destruction. Chef-d'œuvre d'un art et d'une époque, admirablement équilibré dans toutes ses parties, il a relativement peu souffert des injures du temps. Ce ne sont pas les orages de la mer Egée qui ont transporté les frises de Phidias en Angleterre.

Ainsi, la nature est à la fois l'inspirateur, le collaborateur et le correcteur de l'Œuvre d'art et de l'artiste. Loin de pouvoir se passer d'elle, il ne peut, comme Faust, que chercher à « lire dans son sein profond comme dans le cœur d'un ami ».

Pl. IX.

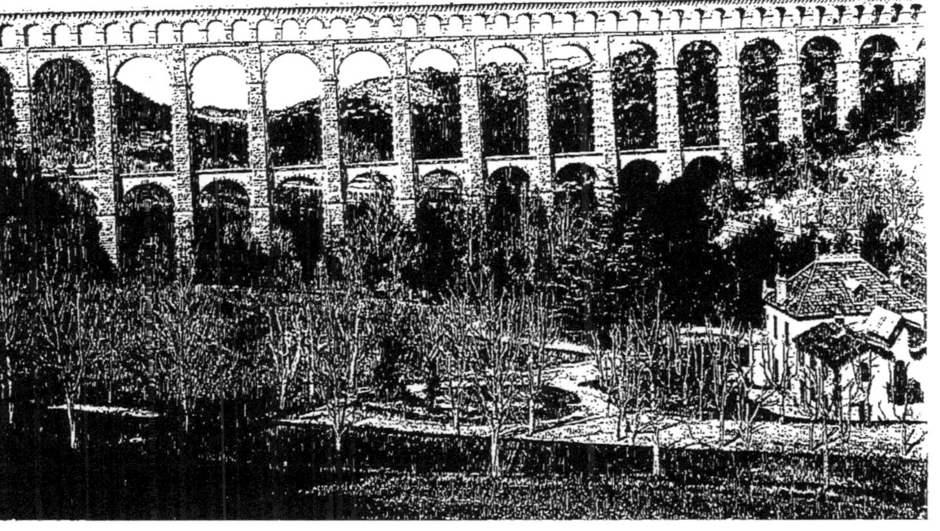

Photo Giraudon.

LE PONT DE ROQUEFAVOUR

VI

MATÉRIAUX DE L'ŒUVRE D'ART

Pour cette œuvre orgueilleuse où il prétend lutter avec la nature, en dérober, en reclasser à son gré les harmonies. l'artiste ne dispose pourtant que de bien faibles moyens, des blocs inertes, du fer, du bois pour le sculpteur ou l'architecte, des couleurs et une toile pour le peintre, des sons et des timbres pour le musicien.

Mais, ces matériaux vulgaires, il peut du moins les faire se dresser, onduler, vibrer, rythmer en un mot, suivant son génie ou son caprice, et cela suffit.

On a fait cette remarque banale qu'un compte rendu du procès criminel est moins poignant qu'un drame imaginaire. C'est qu'un compte rendu ne peut être la repro duction exacte d'une séance de cour d'assises. A ces paroles figées sur le papier, il manque l'accent, la chaleur qui leur donnait la vie ; cette sténographie, si précise qu'elle soit, ne saurait retracer la face haletante de l'accusé, l'attention soutenue des jurés, le geste autoritaire du ministère public, la mimique souple et insinuante de défenseur, les murmures de la foule, et, planant sur eux tous, les robes rouges des juges avec leurs reflets sanglants qui font songer à l'échafaud.

Avec le drame, avec le simple récit dramatisé tout va revivre. En supprimant les longueurs inutiles, en augmentant l'énergie du verbe, en notant un murmure, un geste, un silence, en tendant plus ou moins l'allure du récit, élargissant le rythme des descriptions et des périodes oratoires, scandant, hachant celui des interrogatoires et des discussions, le style, admirable metteur en scène, nous rendra la grandeur imposante du cadre, le mouvement des acteurs, le jeu des physionomies, les angoisses de l'accusé, les émotions de l'auditoire. Il recréera pour nous presque tout ce spectacle si complexe sur un peu de papier noirci.

C'est que le style est, pour l'écrivain, un outil aussi délié, aussi précis, aussi fidèle que le ciseau l'est pour le sculpteur, le burin pour le graveur. Il n'est que « l'ordre et le mouvement qu'on met dans les idées », c'est-à-dire leur rythme, mais ce rythme leur donne la vie en leur communiquant la puissance de l'expression.

Cette faculté merveilleuse du rythme on peut en surprendre, pour ainsi dire, le secret dans l'art plus matériel de la taille-douce, qui avec un peu de blanc et de noir entre-croisés, transpose l'œuvre d'un peintre et fait deviner toutes les somptuosités de sa palette.

Prenez l'admirable estampe de Georges Ville gravée d'après le *Concert de famille* de Schalcken. Cinq person-

PL. X.

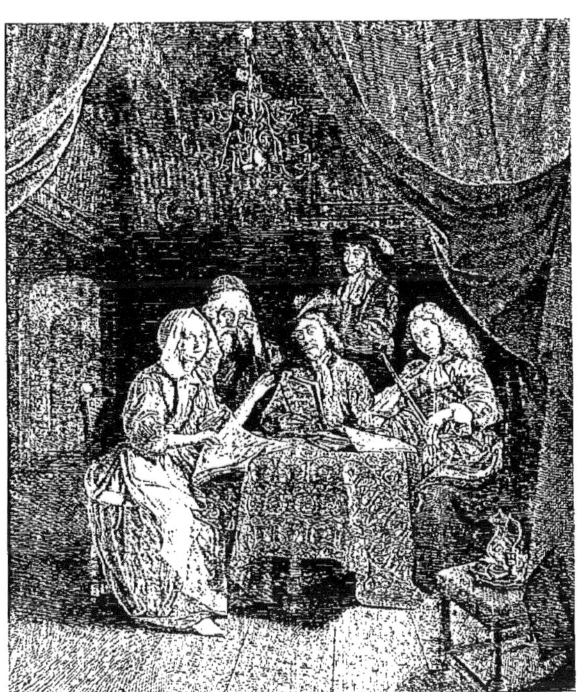

Photo Giraudon.

LE CONCERT DE FAMILLE

Gravé par G. Ville, d'après Schalcken.

nages d'âges et de costumes différents sont groupés autour d'une table. Le graveur nous rend la transparence des chairs de la jeune fille en croisant ses tailles sous un angle, ni droit ni aigu, d'une suavité exquise ; en brisant ses lignes, en les emmêlant de points légers aux approches des clairs, il donne au modelé une morbidesse virginale, à l'épiderme une douceur veloutée. Tout autre est la tête du vieillard ; le trait plus ferme, soutenu par des points allongés intercalés entre les tailles, accentue le dessin anatomique, renfle les muscles et fait saillir les plis des rides. Cheveux et barbe, fouillés sans minutie, ont un aspect robuste qui contraste avec les boucles ondoyantes et souples des autres jeunes têtes.

Les accessoires, étoffes, boiseries, cuivres, ont chacun leur caractère. Des travaux larges marquent le tissu épais des jupes, des draperies, des feutres ; une taille carrée accentue cette fermeté dans le cuir d'un dossier de chaise de brusques cassures font scintiller les satins, briller les perles, miroiter les cuivres. Et ainsi du reste. L'art du graveur est un abrégé de l'art tout entier. Il traduit les aspects les plus variés de la matière et du mouvement par quelques traits rythmés qui en reproduisent l'essence.

C'est là le grand secret de l'Œuvre d'art.

Les harmonies que l'artiste cherche à exprimer ne sont en effet que de la matière et du mouvement rythmés. Comme le mouvement ne nous frappe que par le rythme, — tic-tac du moulin, vagues de la mer, — comme la matière ne se manifeste que par le mouvement, — pesanteur, vibrations, ondulations, — le rythme représente et caractérise le mouvement puisqu'il en est la manifestation la plus frappante, la matière puisque le mouvement en est la forme sensible.

Et c'est pourquoi le rythme est tout et la matière peu de chose. C'est pourquoi on peut trouver de la grandeur, du mouvement, de l'émotion, de l'art en un mot dans des œuvres faites des matériaux les plus vulgaires. C'est pourquoi on peut préférer les simples péristyles de travertin et de stuc des temples de Pæstum à de pompeuses colonnades de marbre, une terre cuite des Della Robia aux statues du Bernin, une eau-forte de Rembrandt aux toiles des Carrache, une sonate de Beethoven à un opéra de Flotow.

La matière n'est pour l'art qu'une sorte de support du rythme qui lui permet de varier son action sur nos sens.

Innombrables sont les rythmes, mais quelle que soit la matière qui le supporte, le rythme agit, comme le mouvement, sous deux conditions essentielles, l'*intensité* et la *tension*, l'une manifestant sa puissance, l'autre sa vitesse. Lorsque l'intensité est prépondérante, le mouvement se communique profondément et avec lenteur ; lorsque c'est la tension, la communication est superficielle et rapide.

Considérons, en effet, le mécanisme même de la transmission du mouvement. Nous avons vu que pour qu'un mouvement se transmette dans son intégrité d'un corps à un autre, il faut qu'un rythme régulier puisse s'établir

PL. XI.

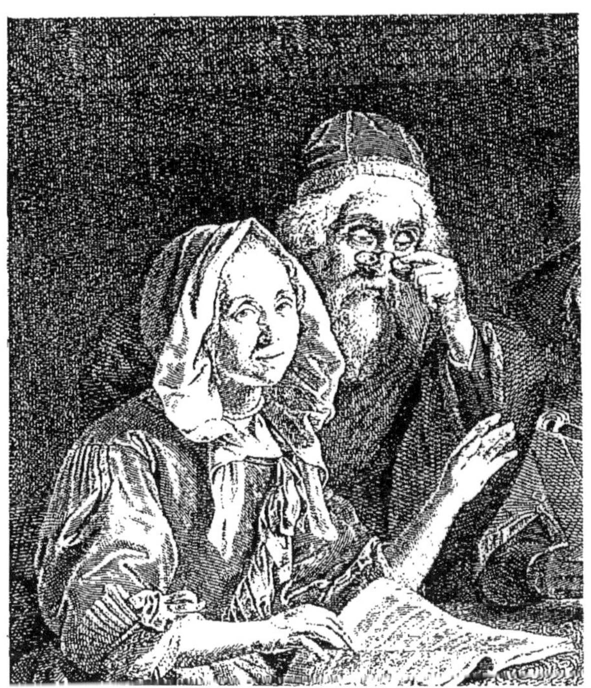

Photo Giraudon.

LE CONCERT DE FAMILLE

Fragment.

entre leurs surfaces ; il faut donc que le corps moteur tienne en réserve, pour ainsi dire, une partie de son mouvement et ne le livre pas au premier choc ; il faut surtout que le corps récepteur ait une faculté de cohésion suffisante pour pouvoir décharger de proche en proche le choc reçu, dans un temps proportionnel à sa vitesse (*tension*), et sans qu'aucune partie du corps ait dépassé le point de saturation. Dans le cas contraire, les échanges rythmiques donneront des oscillations irrégulières ; la surface réceptrice se trouvera chargée d'un excès de mouvement qui détruira momentanément ou définitivement son équilibre avec le reste du corps. Cette surface sera ou échauffée, c'est-à-dire augmentée en volume, ou comprimée, c'est-à-dire augmentée en densité, ou désagrégée, liquéfiée, volatilisée, c'est-à-dire chargée dans tous les cas d'un mouvement actif ou latent supérieur à celui que pouvait absorber son état physique antérieur.

Il faut en conclure que la transmission du mouvement d'un corps à un autre sera d'autant plus parfaite que le corps moteur possédera un mouvement de moindre tension et que le corps récepteur sera doué d'une faculté plus grande de cohésion ou de conductibilité.

Les chutes d'eau qui font tourner les moulins sont amenées sur ces roues dans des biefs presque horizontaux, de manière à avoir la plus petite vitesse possible. Dès lors, l'eau agit par le simple contact de sa masse animée par la pesanteur. S'il y avait un courant rapide et par conséquent un choc, les aubes rejetteraient en l'air une partie de l'eau de chute, avant qu'elle ait pu leur communiquer tout son mouvement.

Les appareils destinés à extraire le vin ou l'huile doivent développer une pression considérable ; aussi sont-ils animés d'un mouvement très lent. Bien plus, on arrête de temps en temps la marche des presses pour permettre au liquide de s'écouler plus aisément.

Les cloches de verre heurtées avec un battant en caoutchouc sont ébranlées dans leur masse entière et donnent des vibrations beaucoup plus amples qu'avec un marteau métallique. C'est que le caoutchouc ayant moins de cohésion que le métal ne décharge son mouvement propre qu'avec une certaine lenteur. La balle du Lebel traverse, au contraire, un carreau de vitre sans le faire vibrer.

Le batteur d'étain amincit ses feuilles avec un marteau à tête arrondie qu'il laisse tomber lourdement, tandis que le chaudronnier qui veut dresser un vase de cuivre, frappe le métal à petits coups secs pour le déformer où il lui plaît et de place en place.

Une chaleur, une lumière trop concentrées brûlent et désorganisent. Un morceau d'amadou s'enflamme au foyer d'une loupe ; le faisceau calorifique qui le consume n'est pourtant que l'équivalent, sous tension élevée, d'un cercle de chaleur solaire bienfaisante de moins de 10 centimètres de diamètre.

L'électricité, dont le mouvement est d'une tension extraordinaire, n'arrive pas à pénétrer les corps ; elle se tient à leur surface.

On conçoit l'importance de cette loi de communication du mouvement pour l'artiste et pour l'exécution de l'œuvre d'art. Amené à réduire, à transposer des harmonies complexes, il peut, en dégageant leurs rythmes essentiels, en accentuant l'intensité et la tension de ces rythmes dans ses matériaux de travail, caractériser avec autant et même plus d'énergie que la nature elle-même l'harmonie qu'il veut reproduire.

C'est ainsi qu'en simplifiant de parti pris le masque de leurs divinités de marbre, les sculpteurs leur ont donné un cachet de grandeur surhumaine.

Et c'est à ses milliers de reliefs, d'arcs, de nervures, d'ogives, de colonnettes, de clochetons que le style gothique doit son impression saisissante. C'est l'âme tourmentée du moyen âge qui nous parle aujourd'hui encore par toutes ces surfaces fuyantes et élancées. Loin de paraître immobiles, leurs pierres semblent se heurter et s'enchevêtrer à la poursuite d'un idéal mystique et inaccessible.

Ces données, ces lois de la suggestion de l'émotion s'appliquent à toutes les formes, à toutes les manifestations esthétiques du mouvement dans la matière. Ces formes peuvent se ramener à trois groupes correspondant à trois de nos sens, le toucher, la vue et l'ouïe. Les autres, goût et odorat, recueillent des sensations trop près de l'animalité pour être classées dans le domaine de l'art proprement dit.

A ces trois sens nobles correspondent trois états particuliers de matière et de mouvement, un état stable impressionnant le toucher par la résistance, un état mobile dans l'espace impressionnant l'œil par un ensemble d'ondulations si rapides qu'elles paraissent continues, un état mobile dans l'espace et le temps impressionnant l'oreille par une succession de vibrations rapides et isochrones.

Dans chacun de ces états, l'intensité et la tension du mouvement se manifestent par des rythmes caractéristiques.

Dans la matière à l'état stable le mouvement s'est, pour ainsi dire, figé. Il s'est condensé en masses plus ou moins volumineuses qui présentent des surfaces plus ou moins étendues. Les dimensions de ces surfaces correspondent à l'intensité du mouvement incorporé à la matière, leur nombre à la tension de ce mouvement.

Les minéraux ont un mouvement de très faible tension : aussi prennent-ils spontanément la forme cristalline : de larges surfaces planes peu nombreuses. Les corps dits vivants sont au contraire doués d'un mouvement très actif : ils s'agglomèrent en cellules, petites sphères formées d'un nombre indéfini de plans de grandeur infinitésimale.

Dans la matière perçue à l'état d'ondulations, l'étendue et la multiplicité des surfaces sont superficielles ; mais à ce premier rythme qui n'est qu'un jeu d'ombre et de lumière s'en ajoute un autre qui dérive de l'amplitude et du nombre des ondulations lumineuses.

Les ondulations du rouge sont environ d'un tiers plus longues que celles du bleu. Aussi le rouge absorbe-t-il beaucoup de mouvement, c'est-à-dire qu'il exige pour briller une vive lumière ; en revanche sa puissance colorante est sensiblement plus grande. Étant donné un feu blanc puissant de disque-signal, l'interposition d'un verre bleu en diminuera sensiblement la portée ; avec un verre rouge, elle sera plus réduite encore. Mais, aux distances extrêmes de visibilité, les rayons seront nettement rouges et très faiblement bleus. C'est apparemment que le verre bleu, ayant un moindre pouvoir absorbant, laisse passer un certain nombre de rayons complémentaires qui reconstituent la lumière blanche. D'autre part, sous un faible éclairage, les bleus sont plus vifs que les rouges. La nuit, à « l'obscure clarté qui tombe des étoiles », les rouges sont noirs, tandis que la mer et le ciel gardent leur teinte azurée.

Dans la matière vibrant dans l'espace et le temps, un rythme général de succession marque son intensité par la durée des sons, sa tension par leur redoublement. Un autre rythme essentiel résulte de l'amplitude des vibrations dans chaque son et de leur nombre. Nous avons déjà remarqué que la voix de femme, plus tendue, se fait entendre plus distinctement sous une faible émission, mais porte moins loin que celle de l'homme. La voix de femme a moins d'amplitude et plus d'acuité ; la voix d'homme est plus grave et plus intense : « Mon ouïe s'affaiblit de plus en plus depuis trois ans, écrit Beethoven au docteur Wegeler... Au théâtre, je n'entends pas les sons *élevés* des instruments et des voix lorsque je suis un peu éloigné. »

A ces rythmes essentiels et caractéristiques peuvent se

superposer d'autres rythmes, grain des matériaux dans la matière solide, valeur des tons dans la couleur, timbre dans les sons et d'autres encore. Et tous ces rythmes pourront se mêler, s'entrecroiser pour concourir à un équilibre de plus en plus complexe, mais qui demeurera harmonieux si tout y est coordonné autour de l'idée maîtresse qui doit dominer et régler leurs relations.

C'est un magique spectacle que celui du Cervin vu du Val Tournanche au lever du soleil. Sa pyramide noirâtre se détache sur le ciel en arêtes aiguës encadrant de larges surfaces dures, polies, scintillantes et comme taillées par le ciseau d'un sculpteur titanesque. Les neiges dont il émerge lui font une sorte de dalmatique blanche nuancée de tons tantôt rosés, tantôt lilas dont les ondulations rapides font ressortir l'immobilité majestueuse du Géant. Le ciel est d'un bleu tendre, pâli par le reflet des glaciers qui moutonnent jusqu'à l'horizon. Dans la vallée, pour compléter l'harmonie de ces rythmes pétrifiés ou ondulants dans l'éther, un torrent jaillit des flancs du monstre, roule tout aussitôt des flots énormes, gronde, bouillonne, écume, entraînant comme de simples cailloux les rocs formidables qu'un orage y a précipités. L'ensemble donne une sensation d'harmonie si grandiose et si complexe qu'un artiste doit renoncer à la traduire. Le voyageur se contente d'admirer et de se taire.

La nature est la Nature, et l'art ne saurait accumuler sans confusion tous les rythmes dont elle se joue sans effort. L'opéra, qui prétend y réussir, n'est pas la plus haute conception de l'art, ni la plus pure. La tâche de l'artiste est encore belle s'il se contente de nous révéler une part de ces harmonies dont l'évolution mystérieuse se poursuit dans le temps et dans l'espace.

Pour exprimer le calme des nuits, Michel-Ange a modelé un beau corps de femme symbolisant par sa pose la lassitude et le repos. — Van der Neer a cherché à fixer la douce palpitation du clair de lune à travers le feuillage et à la surface des lacs tranquilles. — Gounod a traduit par des notes graves et soutenues, surmontées d'un dessin léger et enveloppant, cette obscurité vivante qui abrite Roméo attendant le lever de son astre à lui, Juliette. — L'œuvre propre de l'artiste est là. Tandis que nous sentons confusément dans leur ensemble les spectacles de la nature, il en analyse lui, les ressorts cachés, en désarticule l'équilibre complexe, pour reconstituer ou recréer suivant son génie personnel, sous une forme plastique, lumineuse ou sonore, les enlacements harmonieux de matière et de mouvement qui l'ont séduit.

VII

CARACTÈRES DU MOUVEMENT RYTHMÉ

La prédominance de l'intensité ou de la tension du rythme dans une harmonie en accentue, avons-nous dit, les caractères essentiels. Ces caractères peuvent se ramener à deux tendances générales, qualifiées communément de grandeur et de grâce.

Quels rapports ces caractères ont-ils avec le plus ou moins d'intensité ou de tension du rythme ? Dans quelle mesure, par suite, le rythme peut-il les traduire dans l'œuvre d'art ? C'est ce qu'il nous faut examiner.

On sait que La Fontaine est un admirable metteur en scène. Voyez sa fable *le Chêne et le Roseau.* Deux personnages s'y détachent, l'un, le chêne puissant dont le front

> ... au Caucase pareil,
> Non content d'arrêter les rayons du soleil,
> Brave l'effort de la tempête...

L'autre, le roseau délicat et frêle :

> Un roitelet pour vous est un pesant fardeau.

Tous deux cependant répondent aux conditions qui font un tout harmonieux, un ensemble de relations complexes, coordonnées et équilibrées. — Mais combien différents !

Chez le chêne une harmonie sévère se dégage de la masse imposante de son tronc solide, de sa forte ramure étalée, de son feuillage dur et piquant. Une énorme quantité de mouvement semble s'être imbriquée dans les couches concentriques de sa robuste charpente, perdant sa tension à mesure que ces couches se superposaient et s'équilibraient, et n'ayant plus qu'une sorte d'énergie latente de résistance.

Le roseau, lui, ne se soutient que par un prodige d'activité. Sa tige creuse, ses feuilles tendres se sont élancées sans prendre le temps de s'équilibrer fortement avec leur milieu.

Chacune des minces fibres de son tissu est sollicitée par toutes sortes de poussées contraires : poussée de bas en haut par l'ascension rapide de la sève, poussée de haut en bas par le poids de sa haute tige et de son panache, poussée extérieure provenant du

> ... moindre vent qui, d'aventure,
> Fait rider la face de l'eau...

A toutes ces poussées elle ne résiste que par sa cohésion avec les fibres voisines, sa liaison avec les cloisons intermédiaires qui les nouent en faisceau de distance en distance, son élasticité enfin qui lui permet de s'infléchir avec le roseau tout entier courbant la tête, sauf à la redresser aussitôt.

Cette frêle organisation, si active, si prompte à réagir vers toutes les forces qui la menacent, dont chaque cellule est animée de tant de mouvements divers, n'est-elle pas tout justement un modèle de grâce ? Et la grâce ne serait-elle pas cet état d'équilibre actif d'un objet dont toutes les parties vivent et réagissent à la fois ?

Intensité, tension du mouvement seraient alors les deux pôles de la beauté harmonieuse. En inclinant vers l'intensité, elle prend un caractère de grandeur ; en inclinant vers la tension elle accentue son caractère de grâce.

Herbert Spencer émet une théorie sensiblement différente :

« Un jour [1], dit-il, j'étais à regarder une danseuse et au dedans de moi je condamnais ses tours de force comme autant de dislocations barbares qu'on aurait sifflées, si les gens n'avaient pas tous la lâcheté d'applaudir ce qu'ils croient être de mode d'applaudir ; je m'aperçus que si dans l'ensemble il se glissait par hasard quelques mouvements d'une grâce vraie, c'étaient ceux qui, par comparaison, coûtaient peu d'efforts. Il me revint à l'esprit divers faits qui confirmaient mon idée, et j'arrivai alors à conclure, d'une façon générale, qu'étant donné un certain changement d'attitude à réaliser, une action à accomplir, l'action a d'autant plus de grâce qu'elle s'exécute avec une moindre dépense de force. En d'autres termes

1. *Essai sur la grâce.*

la grâce, du moins la grâce dans le mouvement, c'est un mouvement exécuté de façon à ménager la puissance des muscles ; la grâce, dans les formes vivantes, c'est une forme propre à réaliser cette économie ; la grâce, dans les postures, c'est une posture qu'on peut garder en ménageant cette puissance ; et la grâce, dans les objets inanimés, c'est tout objet de nature à rappeler par analogie ces attitudes et ces formes. »

Mais si cela est vrai, si la danseuse est gracieuse en ce qu'elle économise ses forces, la démarche d'un montagnard serait beaucoup plus gracieuse encore que les pas les plus légers d'une danseuse. Celui-ci n'a qu'un souci, ménager ses forces. Il élève son pied le moins possible, le pose à plat pour augmenter la surface de son point d'appui, laisse balancer ses bras le long du corps et courbe légèrement en avant les épaules et la tête pour leur faire accompagner le mouvement de propulsion des jambes.

Chez l'une, pour la moindre figure, tous les muscles réagissent à la fois : la tête s'incline, les bras s'arrondissent, le torse s'infléchit, les hanches ondulent, les jambes battent des entre-chats, les pieds se dressent sur leurs pointes. Chez l'autre les jambes seules se replient doucement et les muscles des jarrets se gonflent pour soulever le reste du corps qui demeure inerte, dans la mesure où cette inertie ne contrarie pas l'effort des jambes.

De quel côté est l'économie des forces ?

Il est bien vrai que si le montagnard voulait exécuter les figures chorégraphiques de la danseuse, il y dépenserait plus de force qu'elle, tout en y mettant moins de grâce ; soit, cela même justifie notre thèse. La grâce exige la coordination d'un si grand nombre de mouvements divers qu'un homme d'allure rustique ne peut arriver à réagir de tant de manières à la fois avec la précision nécessaire. Il gaspille ses forces sans pouvoir les dépenser conformément à la grâce.

Herbert Spencer cite encore comme exemple le soldat sous les armes qui est moins près de la grâce, dit-il, que le soldat au repos. Il y a là une confusion, car les deux hommes n'exécutent pas le même mouvement. Mais si nous prenons deux hommes manœuvrant sous les armes, celui qui se meut avec le plus d'aisance, celui qui se fatigue le moins est justement celui qui a acquis par l'exercice ces gestes raides et saccadés commandés par la théorie et qui sont l'antipode de la grâce. Et ces gestes sont antigracieux précisément parce qu'ils sont limités à une partie du corps et qu'il n'y a pas ébranlement de l'être tout entier comme dans la danse. Le soldat a toute son activité concentrée dans un effort limité et intense. La danseuse fait rayonner la sienne dans une tension harmonieuse de tout son être.

Le regretté M. Guyau, critiquant dans ses *Problèmes d'esthétique contemporaine* la théorie d'Herbert Spencer, prétend que la grâce réside non dans l'économie de l'effort, mais dans « l'adaptation complète à un but réel ou fictif, dans un harmonieux équilibre entre la vie et son milieu »... et il ajoute : « Un homme très vigoureux, souvent lourd quand il joue, devient gracieux quand il accomplit une besogne proportionnée à ses muscles[1] ? » Pour M. Guyau un rameur, un faucheur, un forgeron, un scieur de long auraient de la grâce.

C'est là assurément une extension inadmissible. Ou le mot grâce n'a pas de sens, ou il signifie autre chose qu'un simple travail des muscles même parfaitement adapté à son objet. Junon marche avec une aisance souveraine : « *Incessu patet dea.* » Mais Junon a de la majesté et non de la grâce. On la voit dans *l'Iliade* obligée d'emprunter à Vénus ses charmes pour séduire le maître des dieux[2]. Le rameur, comme le faucheur, le forgeron ou le scieur, peuvent manier leur rame, leur faux, leur marteau ou leur scie avec ampleur et précision, ils pourront donner une sensation d'énergie superbe, mais non de grâce. Et M. Guyau le reconnaît lui-même lorsqu'il dit : « Un bûcheron attaquant un chêne et brandissant la cognée de ses muscles raidis peut éveiller presque le sentiment du sublime. » Sublime, soit ! Mais nous sommes à l'opposé de la grâce.

Qu'est-ce donc que cette grâce qui n'est ni la simple harmonie du mouvement ou des formes, ni cette aisance, cette économie des forces qui ont fait illusion à H. Spencer ? C'est au contraire, semble-t-il, une tension générale de l'organisme, une irradiation instantanée de tous les nerfs et de tous les muscles pour réaliser une action exigeant tout un ensemble de petits efforts coordonnés.

1. Chap. IV.
2. Ch. XIV.

Il faut autant d'adresse pour épauler un fusil Lebel que pour manier un filet à papillon ; mais, dans le premier cas, l'adresse consiste à tenir le canon immobile, à presser sur la détente avec le moindre heurt possible, et surtout à contenir tout mouvement du corps et la respiration elle-même pour ne pas troubler la précision du pointage. Dans la chasse aux papillons il faut, au contraire, que chaque partie du corps, chaque groupe de muscles soit prêt à entrer en action et à faire face à l'insecte quels que soient les caprices de son vol. Il faut que l'être tout entier soit dans une sorte d'état de vibration continue. Et on ne peut nier qu'il y ait plus de grâce dans cette « tension » extrême de l'esprit et du corps que dans la « contention », l'immobilité figée du tireur à la cible.

Cette tension de mouvement qui produit la grâce ne saurait être une économie de forces : la grâce, l'action gracieuse est tout aussi épuisante qu'un effort intense. Une gazelle est gracieuse parce qu'elle bondit, c'est-à-dire parce qu'elle peut coordonner instantanément en un seul mouvement tous ses muscles à la fois. Est-ce à dire que la gazelle bondit sans fatigue ? Non, car au petit galop de chasse un cheval peut la lasser et la forcer à la longue.

La femme, la mondaine, est gracieuse par état ; mais au prix de quelle tension nerveuse ! Voyez ce type spirituellement croqué par Taine : « Mme d'Arbès. J'ai causé avec elle cinq ou six fois, je ne la regarde jamais sans plaisir ; c'est le type le plus réussi de femme, de Française et de femme du monde. Nulle galanterie ; elle n'a pas le temps d'avoir des vices, toute la sève est dépensée par le pétillement de la cervelle. Vous êtes-vous jamais arrêtée devant une volière à la campagne pour observer les idées d'un chardonneret qui saute, qui gazouille, qui mange, qui n'est jamais las, qui vit en l'air, qui a cent vingt envies et fait soixante actions par minute ? Oh ! qu'on serait bien sur le barreau d'en haut ! Non, on était mieux sur le barreau d'en bas. Mes plumes du ventre ne sont pas bien lissées. J'ai faim, mangeons un grain de mil. Non, une miette de pain est meilleure. Non, une becquée d'eau me rafraîchirait. Un petit coup d'aile pour détendre mes muscles. Hop ! hop ! hop ! une roulade pour dérouiller mon gosier. Cuic, cuic, cuic. Voilà une mouche qui vole, si je l'attrapais ? Voilà un rayon de soleil qui passe, si je courais après ? Piot, piot, piot. Oh ! les jolis petits pieds que j'ai là. Traderidera, je suis content de vivre. Qu'est-ce que le soleil fait là-haut ? Il doit s'ennuyer de ne pas aller plus vite. Certainement il n'y a pas au monde de plus beau chardonneret que moi. Changez les mots, mettez toilette, dîners, concerts, aux endroits convenables, vous avez le remue-ménage d'idées qui se fait dans cette jolie tête. La cervelle darde incessamment des volontés dans tous les nerfs, petites volontés courtes qui passent au moment même à l'exécution, et sont aussitôt relancées ou traversées par d'autres. Les yeux brillent, les fleurs de la coiffure dansent, le corsage palpite, les mains ont cent petits mouvements, la voix vibre ; jamais d'arrêt. Elle va dans quatre soirées le même soir, et quand elle rentre, les bals du lendemain bourdonnent comme un essaim lâché dans sa tête. Toujours des sourires et point artificiels, elle est heureuse ; elle le sera toujours, à condition qu'on fera voltiger devant elle cinq cents colifichets par heure, des salons parés, des lustres, des robes de soie, des hommes à plaques, des chanteurs, des ritournelles, des équipages de chasse, tout ce qu'il vous plaira, pourvu que tout brille et soit nouveau. Elle est née dans un état d'excitation et mourrait si elle était tranquille [1]. »

Mettez « tension » au lieu « d'excitation » et nous pourrons conclure que, loin d'être pour un individu l'économie de ses forces, la grâce est, au contraire, la faculté de mettre dans un état de haute tension toutes ces forces à la fois [2].

Cette tension se manifeste par un rythme bref et rapide, les pointes de la danseuse, les passes agiles du toréador, les battements précipités du fer à l'escrime, les ripostes vives du jeu de paume, les jeux de mots, les reparties de la conversation.

Et le contraire de la grâce serait ou la grandeur, résultant de l'intensité d'un mouvement lent et largement rythmé, ou la disgrâce qui est à la grâce ce que la laideur est à la beauté, une mauvaise coordination de mouvement ou de matière.

1. *Notes sur Paris.*

2. C'est un principe communément admis que le naturel est la condition essentielle de la grâce... Tout s'accorde, au contraire, à prouver qu'elle dérive de l'instinct de coquetterie. Où est le mal après tout? Il faudrait avoir le caractère bien mal fait pour reprocher à la beauté de se mettre un peu en frais pour nous... Le désir de plaire n'est-il pas un charme de plus ? (P. Souriau, *L'Esthétique du mouvement.*)

Mais nous ne nous occupons que de choses harmonieuses et nous croyons pouvoir dire que, chez elles, la grâce résulte d'un accroissement de tension, comme la grandeur se révèle par un accroissement d'intensité.

L'art dans ses manifestations diverses va nous le confirmer.

A toute époque la toilette a élargi et simplifié le vêtement pour le rendre imposant et majestueux et l'a, au contraire, tailladé et bariolé de mille façons pour lui donner de la grâce.

Chez les hommes la toge, le turban, la mitre, chez les femmes le panier, le hennin, le pelzkappe, la fontange ont caractérisé les personnes de qualité.

L'Arlésienne a aujourd'hui encore un beau profil romain dont elle est fière. Aussi sa toilette est-elle d'une rare sévérité. Corsage toujours noir et jupe souvent aussi de laine noire : un grand fichu noir carré est épinglé sur les épaules ; au-dessous, un triple croisement de mousseline blanche forme la « chapelle » qui laisse voir ou deviner ce qu'elle encadre ; comme coiffure, moins que rien, ses cheveux, dont les bandeaux lisses ou ondulés dessinent l'ovale du visage, contournent l'oreille et s'enroulent dans un bonnet de dentelles, cerné d'un large ruban de velours noir.

Comparez ce costume simple et sévère aux mille paillettes, festons, sequins d'une gracieuse gitane.

La danse n'est aujourd'hui qu'une succession plus ou moins rapide de poses plastiques. La danse guerrière, la pyrrhique, la danse de l'épée ne sont plus que des souvenirs historiques. Au XVIIe siècle toutefois on distinguait encore les danses basses réservées aux divertissements nobles, menuet, courante, où le mouvement était lent et cérémonieux, où les pieds rasaient le sol, et la danse par haut comme la gavotte, composée de sauts et de pirouettes. Nos danses actuelles ont abandonné les majestueuses révérences pour accentuer la légèreté, la souplesse, la rapidité des évolutions chorégraphiques. La grâce des attitudes est leur seul but ; aussi le rôle de l'homme y est-il de plus en plus restreint. Dans la valse, qui a pénétré même le quadrille, le valseur n'est qu'un support pour la valseuse. Dans le ballet de théâtre le danseur a, à peu près disparu.

Il reste à l'homme la mimique. Ici la sobriété des gestes est une loi ; il faut, pour être compris, une concentration de tout l'être en quelques mouvements simples et intenses résumant tout un état d'âme. Le mime, maître de lui, y triomphe, tandis que les pierrots-femmes comme Félicia Mallet sont une exception.

L'architecte gothique a transformé le contrefort roman. Il a senti que dans ce lourd pilier quadrangulaire tous les matériaux n'utilisaient pas également leur force de résistance. Il a supprimé ceux dont l'effort n'était qu'accessoire et qui faisaient simplement masse avec les parties exposées directement à la poussée des voûtes de la nef.

Il a alors opposé au point précis où cette poussée a son maximum, une sorte de buttoir en pierre supporté par un arc léger et contre-butté à l'extérieur par un restant de contrefort, d'autant plus mince que l'arc-boutant étant incliné, la poussée s'établit non plus horizontalement, mais en partie de haut en bas. Quelquefois il a superposé les arc-boutants en les reliant par des colonnettes rayonnantes qui chargent les arcs inférieurs et compliquent encore les relations de chacun d'eux avec le contre-fort et la voûte. L'ensemble est gracieux. Chaque partie poussée, buttée, sollicitée de plusieurs côtés à la fois, est dans un état d'équilibre si complexe qu'il en paraît vivant. Et cette apparence n'est pas vaine, les matériaux vivent si bien que leurs forces s'usent assez vite : dès que les résistances ne sont plus exactement balancées, le moindre ébranlement extérieur vient tout compromettre. Les réparations incessantes des cathédrales gothiques ne montrent que trop combien est fragile cette extrême tension du mouvement en architecture.

Charlemagne fit jadis élever à Aix-la-Chapelle par des Byzantins une rotonde octogonale avec coupole. Ses lignes sévères, ses faces robustes percées de quelques ouvertures en plein cintre, contrastent étrangement aujourd'hui avec les trop élégantes constructions gothiques qu'on lui a accolées par la suite. Si vastes qu'elles soient, si haut que s'élancent leurs ogives et leurs clochetons, la simple rotonde a plus de grandeur, la grandeur qui convient au tombeau du grand Charles.

Ce cachet de grandeur, nous avons déjà noté que le sculpteur simplifie de parti pris le masque de ses divinités de marbre pour le leur donner.

Où le sculpteur inconnu qui cisela la Vénus de Milo prit-il son modèle ? Nul ne le sait ; mais si jamais type mortel fut idéalisé, c'est celui qui resplendit dans ce beau corps de femme, si sobre de mouvements et de lignes, au visage calme, aux chairs fermes, à la poitrine large, aux hanches robustes. Vénus, soit, mais non la Vénus gracieuse et lascive à qui Pâris donna la pomme ; c'est plutôt cette « Aphrodite qui gouverne les désirs des êtres, et impassible comme il sied à une Olympienne, ne les émeut pas pour elle-même.... La molle draperie tombante qu'arrête à demi le contour ondoyant des hanches et le genou levé un peu, aurait pu glisser plus bas ou tomber et s'enrouler à ses pieds : nue tout entière aussi bien que demi-nue, la déesse serait restée la Genitrix, la Nourrice, la Mère, la femme idéale que ne peut effleurer le bout de l'aile des désirs impurs [1]. »

A quoi tiennent la sérénité, la grandeur, l'impassibilité surhumaine de cette figure divine ? Au style assurément, à l'accentuation d'intensité donnée à l'ensemble. Tout détail mignard est supprimé, pas un relief inutile, pas un ornement, pas un bijou ; le visage est plus rond qu'ovale ; le nez et la bouche, sans être forts, n'ont pas cette finesse, cette gracilité qui appelle le sourire. Aux joues, au menton, aucune trace de fossettes. Le corps lui-même est

1. PIERRE PARIS. *La Sculpture antique.*

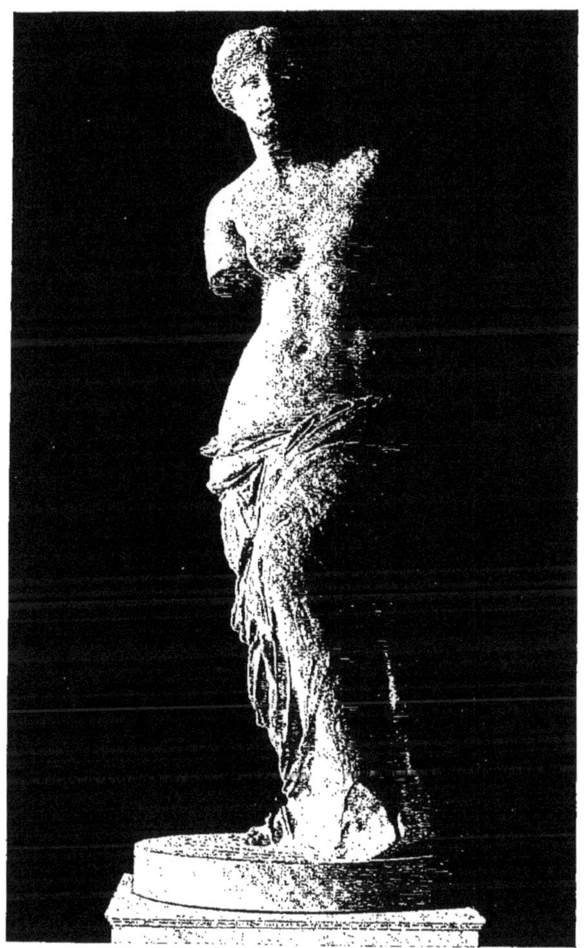

Photo Giraudon.

LA VÉNUS DE MILO

Louvre.

dessiné d'un seul jet, pour ainsi dire. Les bras manquent et — faut-il l'avouer ? — il semble qu'on ne doive pas le regretter, qu'ils masqueraient en partie les belles lignes du torse et troubleraient peut-être par un geste accidentel la simplicité grave de l'ensemble.

Voyons ailleurs comment s'y prend le sculpteur lorsqu'il veut accentuer la grâce.

L'Artémise du Musée de Naples est modelée avec une minutie exquise : les yeux délicatement fendus, le nez fin, la bouche mi-close, les joues légèrement relevées vers la commissure des lèvres, tout sourit dans cette jeune tête encadrée par les mille petites boucles de sa coiffure d'un archaïsme raffiné. Le corps souple transparaît sous une tunique légère, savamment drapée, qui laisse pointer les seins, arrondit les épaules, caresse les hanches et flotte ensuite en longs plis rasant les chevilles, comme pour laisser toute liberté à la démarche.

On peut critiquer cette œuvre de décadence, surtout en songeant aux dorures et aux peintures qui la recouvraient et dont il reste quelques traces ; mais on ne peut nier la séduction qui se dégage de tous les rythmes gracieux qu'accuse la minutie du modelé.

Rubens a-t-il de la grâce ? Question oiseuse, car ce peintre triomphant de la vie semble tout avoir. Chez lui tout vibre, tout palpite, tout chante : il groupe ses personnages comme des roses dans un bouquet. Où qu'il soit, son œuvre éclate comme une fanfare, éteignant tout autour d'elle. Nul mieux que lui n'a su transcrire les rythmes innombrables de la lumière et les entasser dans des cadres trop étroits qu'ils semblent prêts à déborder. Il a la grandeur, la beauté, la grâce, la grâce surtout, car sa grandeur est volontiers théâtrale, sa beauté un peu matérielle et à fleur de peau; sa grâce seule est irrésistible et emporte tout le reste. Il en met dans les cuirasses étincelantes de ses guerriers comme dans les chairs grasses, roses, divinement pétries de ses femmes, dans les apôtres en extase comme dans les bourreaux qui tenaillent leurs victimes, dans cette Madeleine qui ondule superbement au pied de la croix et jusque dans ce Christ mort que Fromentin compare à une belle fleur coupée.

Rembrandt, le peintre des profondeurs mystérieuses de l'âme humaine, sacrifie tout, au contraire, à l'intensité de l'émotion esthétique. Il baigne ses personnages dans un clair-obscur qui concentre l'intérêt sur quelques rares figures : il supprime, de parti pris, le rythme des couleurs pour s'en tenir à une lumière indéfinissable divisée en valeurs discrètes par des dégradations successives : les accessoires sont noyés dans les fonds d'une demi-transparence noirâtre. Tout concourt à une impression unique, tout ramène l'œil et l'esprit à ces visages si vivants dans leur immobilité, si parlants dans leur silence, qui semblent vouloir nous révéler une part de l'insondable inconnu d'où ils surgissent.

Dans la gamme des couleurs, la grâce s'exprime si bien par le bleu qu'il est la parure préférée des jeunes

Pl. XIII.

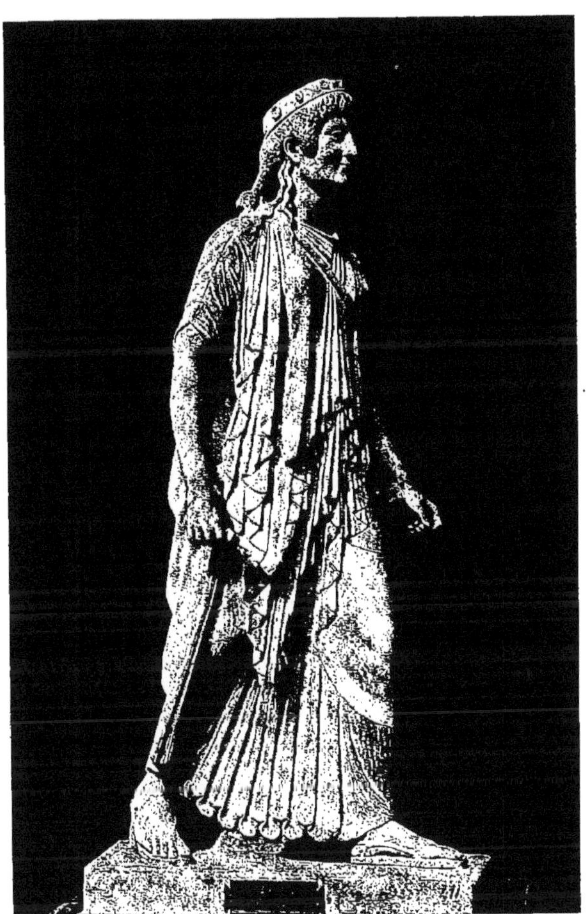

Photo Giraudon.

ARTÉMIS

Musée de Naples.

filles [1]. Dans sa Présentation au Temple à l'Académie de Venise, Titien a mis à sa petite vierge une tunique bleu pâle d'une grâce adorable, tandis qu'ailleurs il couvrait de grands manteaux rouges ses imposants sénateurs.

Sous une lumière adoucie, ces relations de tension dans les couleurs s'accentuent au point de modifier l'harmonie générale de la composition. Visitez le Louvre à la tombée du jour ; vous y verrez combien les rouges, un peu bruyants à d'autres heures, de la galerie des Médicis mettent alors de calme et d'ampleur dans cette décoration féerique. Ce même éclairement, tombant sur certaines toiles de Le Sueur, fait détonner ses bleus et accentue encore la crudité du coloris d'un peintre de talent qui ignora trop souvent la grâce.

En musique, nous avons dit que la tension tenait à la répétition des sons et à leur hauteur. Il est presque superflu de constater que les personnages qui représentent la grâce au théâtre, les Zerline, les Rosine, les Philine, les Reines de la nuit, les princesses vaporeuses et les pages mutins sont des chanteuses légères à vocalises, tandis que les Donna Anna, les Rachel, les Fidès, les Valentine sont

1. On peut objecter que le violet a plus de tension que le bleu et n'est pourtant pas en peinture la couleur de la grâce. Mais, comme le fait remarquer le Dr Brucke dans sa *Physiologie des couleurs*, le violet ne peut être classé avec certitude. Tandis que la couleur du spectre est mono-chromatique « les pigments violets dont nous faisons usage contiennent, à côté du violet pur, du bleu et du rouge, c'est-à-dire un mélange de lumière appartenant aux deux extrémités du spectre ».

chantées par des Falcon au médium ample, à la voix intense.

Dans la musique instrumentale, entre mille exemples de tension gracieuse, prenons le délicieux rondo final du fameux trio en sol pour piano, violon et violoncelle d'Haydn. Il y a là une succession de motifs d'un rythme rapide qui s'enlacent l'un à l'autre sans solution de continuité : chacun d'eux est composé de notes légères, sautillantes, qui montent et descendent vers la tonique sans s'y fixer jamais. C'est un ruisselet de perles qui gazouille presque toujours dans les régions supérieures du clavier, passe du piano au violon et du violon au piano, fuit, revient, se calme un instant avec quelques notes graves puis repart aussitôt en bondissant joyeusement.

Dans ce même trio, Haydn a écrit un adagio d'une beauté sereine qu'on ne peut entendre sans être profondément remué. Et il se trouve que sa large phrase est tout justement écrite sur la deuxième corde du violon, sur son médium et non sur la gracieuse chanterelle.

N'avons-nous pas le droit de conclure qu'en art, comme dans la nature, intensité et tension du mouvement sont les deux pôles de la beauté, que l'une est la condition de sa grandeur, l'autre de sa grâce ?

Il est une dernière sensation esthétique dont il nous faut définir le caractère.

Reprenons la fable *le Chêne et le Roseau*. Elle se termine par un coup de tonnerre qui détruit l'harmonie du chêne sans rien mettre à la place et nous laisse un sentiment de stupeur qui n'est pas inharmonique et qui est cependant le contraire de l'équilibre coordonné que nous avons demandé à une harmonie.

C'est le même sentiment que provoque le chaos d'une montagne éboulée, le déchaînement de la mer en furie, et, en art, ces colosses d'architecture, dont le temps n'a laissé que quelques pans de murs grandioses, les lamentations désespérées des psaumes grégoriens de la Pénitence, le « qu'il mourût » de Corneille et le « to be or not to be » d'Hamlet.

C'est le sentiment de l'inutilité de la lutte pour un équilibre inaccessible, la sensation angoissante d'une sorte d'harmonie supérieure qui se joue des convulsions de la nature et les fait servir à des desseins impénétrables et surhumains.

C'est le sublime, œuvre d'une fatalité écrasante qui passe et broie en aveugle tout ce qui barre sa route.

L'art, qui vit de compositions harmonieuses, ne peut toucher au sublime que par accident. Encore faut-il qu'il laisse entrevoir quelque peu l'harmonie supérieure où se résoudra ce déséquilibre passager.

Dans le mot héroïque du vieil Horace, nous sentons passer l'âme du citoyen qui veut sa ville grande et se complaît à sacrifier les siens et lui-même à la gloire de Rome éternelle.

VIII

ÉQUIVALENCE DES RYTHMES

Nous avons dit que le rythme est la manifestation caractéristique du mouvement, que son intensité donne une impression de grandeur, sa tension une impression de grâce. Ce n'est pas tout.

Le mouvement est un.

L'intensité et la tension n'en sont que des formes équivalentes. Si je place aux deux extrémités d'un levier, dont les bras sont dans le rapport de 1 à 10, deux poids dans le rapport inverse de 10 à 1, j'aurai sur le plus petit bras une intensité équivalente à la tension opposée.

De même, une masse d'eau de 20 *mc*, tombant de 1 *m* de hauteur, produira la même quantité de mouvement qu'une masse de 1 *mc*, tombant d'une hauteur de 20 *m*.

En acoustique, la même colonne d'air donne dans la petite flûte un son d'une tension excessive, dans une contrebasse en *mi* bémol un son d'une grande intensité.

L'intensité calorifique est la chaleur spécifique des corps, la tension leur température. Ici encore il y a équivalence. Le mercure n'a que 1 /30 de la chaleur spécifique de l'eau ; aussi un mélange de 1 kg. de mercure à 100° à 1 kg. d'eau à 0° donne-t-il une température moyenne de 3° seulement.

Le prisme décompose la lumière solaire en sept faisceaux lumineux d'intensité et de tension différentes. Un autre prisme tourné en sens inverse recompose la lumière primitive.

Pour l'électricité enfin, on sait que la même énergie électrique peut se transmettre en faisant varier, soit la tension, soit l'intensité du courant. A un courant de 500 ampères avec tension de 100 volts, on peut substituer un courant de 50 ampères, sous 1.000 volts de tension, et transformer à l'arrivée la tension en intensité et les volts en ampères.

Cet équilibre par équivalence se retrouve dans la nature au point de vue esthétique.

Le coq de nos basses-cours est perché sur deux pattes. A l'avant, son corps se prolonge par le cou et la tête ; pour balancer cet excès de poids et de mouvement, la nature lui a donné en arrière une queue légère, mobile et relevée en panache qui fait équilibre en réalité et aussi pour l'œil, par sa gracieuse tension, à l'intensité de l'avant-train.

Chez le cheval arabe, à la croupe mince, la tête aurait aussi trop d'importance, si la queue ondoyante ne venait rétablir l'équilibre et l'harmonie. Le percheron a l'arrière-train fortement musclé ; on lui fait porter la queue courte.

L'art, en effet, comme la nature, pour dégager ou traduire une harmonie donnée, peut non seulement accentuer ou atténuer la tension ou l'intensité du mouvement dans telle ou telle partie de son œuvre, mais encore substituer l'une à l'autre et produire l'intensité par la tension, ou enfin balancer un mouvement intense par un mouvement tendu, la force par la grâce, et obtenir ainsi un équilibre plus varié, une harmonie plus complexe.

Nous entrons ici sur un terrain mal défini, mal exploré, et d'autant plus difficile à reconnaître que les étroites règles de la mécanique, de la physique ou de la chimie paraissent bien grossières dans leur précision pour être appliquées au caprice, à l'inspiration, au génie impatient de tout joug qui crée l'œuvre d'art. Cette réserve faite, nous hasarderons quelques aperçus et quelques exemples.

La substitution d'un rythme de tension à un rythme d'intensité est une tricherie d'exécution beaucoup plus commune qu'on ne pourrait croire. Les artifices de la toilette en sont l'application la plus curieuse peut-être.

L'harmonie spontanée du corps humain est chose rare en effet et l'art sait intervenir à propos pour voiler les erreurs de la nature.

Si le corps est petit, comme il est à peu près impossible d'en accroître les dimensions, c'est-à-dire l'intensité insuffisante de mouvement que ces dimensions manifestent, on augmentera la tension de ce mouvement par des surfaces multipliées — vêtements flottants en plis nombreux — ou par des rythmes éclatants de couleur.

Un moine drapé de blanc paraît toujours plus grand que nature.

Un colosse se gardera d'accuser sa haute stature par une tension quelconque dans la forme ou la couleur de son habit : étoffes souples et ajustées, couleurs unies et sombres.

Si une dimension seule est en défaut, on masquera la maigreur par des plis ou des rayures dans le sens horizontal, l'obésité par la même tension dans le sens de la verticale.

Sur tous ces points la femme en sait plus que les artistes et les esthéticiens. Elle triomphe dans l'art de corriger la nature au point de faire de ses artifices un code de bon goût. La mode est presque toujours faite des imperfections de celles qui la régissent.

Lorsqu'une reine de la mode a le cou long, elle impose les fraises tuyautées.

Lorsqu'elle l'a trop court, c'est la collerette de dentelle plate prolongeant le cou jusqu'aux épaules.

La grande multipliera les volants, la petite fera porter les robes à cloche avec rayures verticales.

La forte prônera les étoffes neutres et unies, la mince les étoffes claires et damassées.

Et les autres femmes, esclaves des étoffes et des coupes ainsi décrétées, mettront, la petite, des volants horizontaux, la grande, de longues rayures, si bien que lorsqu'un deuil les débarrassera de la tyrannie de la mode, elles l'accueilleront à ce point de vue, comme « une bonne fortune ».

La danseuse au maillot collant, au jupon court, ne peut guère viser qu'à décrire une suite de figures vives et gracieuses. Lorsqu'elle veut reposer l'œil du spectateur par un mouvement d'une expression prolongée et intense, elle en est réduite à s'avancer sur ses pointes par une suite de battements si rapides, qu'on les peut comparer à ceux de l'oiseau qui plane, ou à pirouetter sur elle-même comme un derviche tourneur. Dans les deux cas, l'extrême tension d'un mouvement simple donne une impression d'intensité relative.

L'art des jardins dits anglais semble reposer tout entier sur une substitution de rythmes. Par l'imprévu de son tracé, par la bizarrerie de ses reliefs, par la sinuosité de ses allées, de ses cours d'eau, la multiplicité de ses grottes, de ses chalets, de ses ponts rustiques, il peut, sur un espace restreint, accumuler tant de sensations successives qu'il donne l'illusion d'un grand espace parcouru.

Il est vrai que, comme toute impression due à une tension excessive, cet effet de simili-grandeur reste superficiel et ne résiste pas à une fréquentation prolongée.

L'architecture use peu, à l'extérieur du moins, de la substitution des rythmes. Sa mission est d'abriter, et son premier caractère doit être une solidité manifestée par un équilibre aussi simple, et, par conséquent, aussi intense que possible. Néanmoins l'architecte peut toujours accroître l'effet d'intensité d'une dimension par une tension de mouvement dans sa surface.

L'architecte gothique a trouvé dans la multiplicité des

reliefs un véritable effet de grandeur. Dans le gothique dit perpendiculaire, il a donné à la décoration de ses piliers, de ses contreforts, de ses clochetons, de ses tours, une direction obstinément verticale, et cette répétition continue d'un même rythme, cette tension de mouvement en hauteur produit le même effet que les rayures longitudinales d'un vêtement d'homme ou de femme, elle grandit l'édifice.

Dans l'architecture privée, la tension des lignes peut aider à masquer le défaut d'espace. Telle maison étroite d'une grande ville fait illusion sur ses dimensions par ses reliefs multiples et ses matériaux de diverses couleurs. Les petits palais qui bordent les canaux de Venise amusent l'œil si longtemps par leurs galeries à jour, leurs colonnettes multicolores, leurs arcades fouillées, leurs rosaces, leurs rinceaux, qu'ils paraissent plus grands que nature.

Mais c'est à l'intérieur que la substitution des rythmes est une ressource précieuse pour l'architecte. Si l'espace lui fait défaut, il pourra masquer la hauteur insuffisante d'un appartement en accusant fortement ses lignes verticales, au besoin par un simple papier peint rayé ; il en augmentera les dimensions générales par une décoration unie et claire. S'il veut au contraire donner un caractère intime à des pièces trop vastes, il en brisera en tous sens les surfaces par une décoration irrégulière dont l'œil ne pourra retrouver en aucun sens l'étendue ni la direction ; il emploiera des tons chauds qui absorbent beaucoup de lumière et vibrent peu sous un jour moyen.

La sculpture est la collaboratrice naturelle de l'architecture dans cet emploi des reliefs pour voiler la maigreur des surfaces.

Livrée à elle-même, elle se sert peu et mal des substitutions de rythme ; les compositions mouvementées, minutieuses, tombent aisément dans la confusion ou la mièvrerie. La sculpture, sauf lorsqu'elle est purement décorative, ne supporte guère le détail trop fouillé. Les fameuses portes de Ghiberti sont belles par leurs merveilleux encadrements de fruits et de feuillages, les têtes et les statuettes qui en émergent en relief vigoureux ; mais les petites scènes bibliques ciselées en perspective sur chacun de leurs panneaux n'ajoutent rien à la grandeur de l'ensemble. Les défilés guerriers qui s'enroulent autour de la colonne Trajane, ou de la colonne Vendôme comme des vers de confiseur serpentant sur de gigantesques mirlitons, ne donnent pas non plus à leur silhouette un aspect plus monumental.

La peinture, art conventionnel par excellence, se joue au contraire des dimensions des surfaces qu'elle recouvre. Une simple toile de chevalet peut dégager la même intensité d'émotion, qu'une fresque de mur d'église. Tel petit paysage de Claude Lorrain, une eau-forte de Rembrandt, peut donner sur quelques décimètres carrés une sensation de grandeur épique.

Le musicien est à la merci de ses interprètes ; il est souvent obligé, lui aussi, d'avoir recours à certains arti-

Pl. XIV.

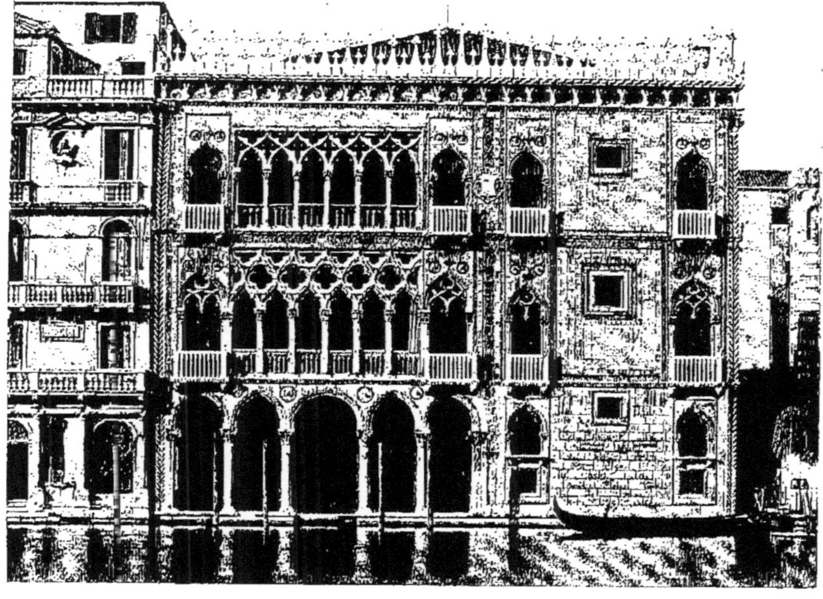

Photo Giraudon.

LA CA D'ORO

Venise. Grand canal.

fices de tension rythmée, pour masquer l'insuffisance d'intensité de ses moyens d'exécution. Les cordes grêles de la mandoline ne chantent que grâce à un tremblé perpétuel ; la harpe multiplie les arpèges pour donner un peu d'ampleur à ses sons pincés. L'orchestration d'une composition musicale est basée tout entière sur la nécessité d'équilibrer l'intensité sonore de certains instruments par un accroissement de tension chez les autres. Pour balancer le son tonitruant des trombones dans le finale éclatant de l'ouverture de Tannhauser, Wagner a dû charger ses violons d'un déluge de notes aiguës, rapides et mordantes.

Nous ne nous étendrons pas davantage sur cette question de substitution d'un rythme de tension à un rythme d'intensité. C'est en somme l'application à l'esthétique d'une vérité mécanique : ce qu'on perd en force, on le gagne en vitesse. Mais, comme nous l'avons dit, il est impossible de doser mathématiquement des effets comparés de grâce et de grandeur, et ce que nous en avons esquissé au courant de la plume, ne doit être considéré que comme une simple indication des ressources que l'équivalence des rythmes offre à l'artiste et à l'œuvre d'art.

Il nous faut insister toutefois sur l'emploi fort caractéristique et fécond de cette équivalence des rythmes qui consiste non plus à les substituer l'un à l'autre, mais à les juxtaposer en les équilibrant dans l'œuvre d'art par leur opposition même. C'est l'harmonie par contraste.

Le contraste est un des moyens d'action les plus énergiques sur nos sensations de tout ordre. Ses effets dérivent de la loi générale du rythme, qui veut que toute communication de mouvement ne puisse s'effectuer qu'avec un intervalle de repos égal à la durée du choc. Ce repos permet à la portion de mouvement reçue de se répandre en arrière et rend la surface ou le point primitivement ébranlé apte à se charger d'une portion nouvelle de mouvement.

Dans le mouvement simplement rythmé, il y a alternance d'action et de repos ; l'originalité du contraste, c'est de balancer le mouvement non par un repos, mais par un mouvement en sens opposé.

« Une excitation tout à fait continue, dit M. Charles Richet, perd rapidement son efficacité. Il faut pour éveiller notre sensibilité, une certaine discontinuité de l'irritant. Par exemple, le contact d'un poids sur la peau de la main cessera d'être perçu si, la main étant tout à fait immobile, le poids reste appliqué au même point. Une odeur persistante finira par devenir inaperçue si elle excite, continuellement et sans rémission, les nerfs olfactifs. En un mot, toute sensation exige la discontinuité de l'irritant[1]. ». Lorsque chaque excitation est séparée de celle qui la précède non par un arrêt, mais par une excitation contraire, lorsqu'il y a contraste en un mot, dans l'alternance des sensations, le repos est supprimé et l'activité de l'organe en est doublée. Il se fait dans notre organisme quelque chose d'analogue à ce qui

1. *Essai de psychologie générale* (F. Alcan, éd.).

se passe dans une terre soumise à une culture par rotation. Avec le système primitif de la jachère, le sol porte une récolte et se repose inutilement l'année suivante. Dans un assolement raisonné, à une récolte de pomme de terre succède un blé de printemps, à celui-ci du trèfle et ainsi de suite, sans que la terre en soit plus épuisée que par la jachère, parce que ce sont des éléments nutritifs distincts qui ont pourvu aux germinations successives.

De même, le contraste des excitations, loin de les affaiblir, double nos facultés sensitives. Si la marche en montagne est moins fatigante que la marche en plaine, c'est que les muscles agissent d'une manière différente dans l'ascension et dans la descente, et que le pied pose tantôt à plat, tantôt sur la pointe, tantôt sur le talon ; en plaine, au contraire, la démarche est nécessairement uniforme. Les médecins des corps de chasseurs alpins savent par expérience qu'ils n'ont des traînards par éclopement que quand ils quittent la montagne.

Tous nos sens sont soumis à cette loi des contrastes. Pour l'ouïe, on sait combien devient indifférent au meunier le tic-tac de son moulin, si indifférent qu'il ne s'en émeut que lorsqu'il s'arrête. En revanche, une sonorité repose d'une autre sonorité. Pour celui qui fuit le tumulte des villes, la voix de la mer est douce.

Entrez dans un appartement éclairé d'une lumière rouge, au bout de très peu de temps vous ne percevrez plus cette coloration sur les objets qui vous entourent. Ce n'est que depuis que nous usons de la blanche lumière électrique que beaucoup se sont aperçus que la lumière du gaz est jaune ; elle jaunit pourtant si bien les objets, elle change à tel point leurs relations de teinte, qu'il était de toute nécessité pour une femme de choisir sa robe de bal à la lumière.

Mais le contraste des couleurs leur donne un violent relief pour l'œil. Telles les visions éblouissantes des fontaines lumineuses ou les transfigurations prestigieuses de Loïe Fuller !

Cette surexcitation de la vision par le contraste semble provenir de ce que toute impression de couleur opère une sélection dans les mille fibres du nerf optique, actionne celles-là seules qui sont aptes à transmettre l'impression du rouge, s'il s'agit de rouge, et laisse intactes celles qui sont destinées à recueillir les rayons bleus ou jaunes. Au bout d'un temps très court, les fibres à rayons rouges seraient fatiguées, et, si l'œil se porte sur un objet autrement coloré, il y verra tout d'abord les seules couleurs pour lesquelles il dispose de fibres nerveuses intactes. Si l'objet est blanc, l'œil ne percevra de ce blanc que le bleu et le jaune unis et l'objet paraîtra vert. Si l'objet est de toute autre couleur, l'œil le verra toujours nuancé d'une sorte d'auréole de la complémentaire du rouge, de sorte que s'il est coloré de vert, ce vert sera exalté et paraîtra plus vert que nature. Notre organe visuel, dédoublé pour ainsi dire, fait comme la terre qui porte sans s'épuiser deux récoltes successives de céréales et de turneps, il réalise une sorte de *division du travail* des fonctions rétiniennes.

Mais, la seconde perception est plus vive que s'il n'y avait pas eu une perception primitive de rouge ; et nous sommes amenés à nous demander pourquoi le contraste a exalté notre sens de la vue pour le vert. Le problème est subtil, car on ne voit pas tout d'abord comment une fatigue partielle de l'organe peut donner une sensibilité, une activité plus grande à l'autre partie ; il est vraisemblable que toutes les fibres du nerf optique ont été dès l'abord excitées confusément par la lumière colorée, et que, le rouge ne pouvant servir d'aliment à certaines d'entre elles, ces fibres sont, comme un prisonnier qui a entrevu le plein air, dans une sorte d'impatience fébrile d'exercer leur activité.

Voyons ce qui se passe dans les cas analogues pour d'autres organes.

Si nous gravissons, *même lentement*, un escalier, en nous haussant toujours sur le pied droit par exemple, nous ressentirons une certaine fatigue, nullement en rapport avec celle que nous éprouverions en nous servant alternativement de chaque pied. L'effort musculaire alternatif semble donc moins pénible qu'un effort continu mélangé de repos.

Nos vignerons offrent des noix aux commissionnaires qui viennent déguster leur vin en cave, parce qu'ils savent que leur saveur un peu sèche et âpre fera trouver le vin plus doux. Les malins leur font manger des figues, une fois la dégustation terminée, afin qu'allant chez le voisin, leur palais saturé de douceur ne perçoive plus que l'acidité du cru rival. Le phénomène semble identique à celui de la vision exaltée de la couleur complémentaire en optique. Le palais, excité confusément et satisfait à demi, est dans un état de surexcitation pour ainsi dire en ce qui touche la saveur contraire.

« Méhul, séduit par la sympathie qui existe entre le son des altos et le caractère rêveur de la poésie ossianique, voulut s'en servir constamment et à l'exclusion entière des violons, dans son opéra d'Uthal. Il en résulta, disent les critiques du temps, une insupportable monotonie, qui nuisit au succès de l'ouvrage. Ce fut à ce sujet que Grétry s'écria : « Je donnerais un louis pour entendre une chanterelle [1]. »

Quoi qu'il en soit de ces explications, l'effet du contraste est incontestable. Une sensation imparfaite provoque nos sens à chercher la sensation complémentaire, à la créer subjectivement et en puissance pour ainsi dire, et à l'exalter par suite lorsqu'elle est objectivement perçue.

Cette loi du contraste s'applique à tous les rythmes dont peut disposer l'artiste, et c'est pour lui non seulement un moyen d'en exalter la tension ou l'intensité, c'est encore une source de variété dans la conception même de son œuvre.

Nous avons opposé à la thèse de Taine que l'art est le développement d'un caractère, cette autre thèse que l'œuvre d'art est un équilibre et une harmonie. Cet équilibre peut résulter tout d'abord d'une simple juxtaposi-

1. Berlioz. *Mémoires*.

tion de deux rythmes d'intensité ou de tension égales, comme l'horizontalité du fléau d'une balance peut être obtenue par la pesée comparative de deux décimètres cubes d'eau distillée. C'est la symétrie. L'art lui doit des œuvres grandioses ; les temples de l'ancienne Égypte et de la Grèce, les colosses de Khorsabad et de Memphis, œuvres empreintes d'une majesté sereine, belles par leur accord avec les lignes calmes et pures de l'horizon sur lequel elles se profilent. Mais on sait combien cette ordonnance symétrique s'accorde peu avec d'autres milieux. Les portiques grecs jurent avec le ciel brouillé, la vie active, les besoins changeants de Paris, de Munich ou de Londres et on les sent là comme transplantés et dépaysés.

A notre vie moderne il faut des œuvres d'art aussi complexes que cette vie même. Nos sens affinés seraient rapidement saturés, énervés par une impression d'un caractère uniforme ; il faut les réveiller par la variété, les exciter par le contraste. Et c'est là le second mode d'équilibre possible dans l'œuvre d'art, l'équilibre par équivalence.

Plus que tout autre art, la toilette reflète cette tendance. La femme en est venue à couper pour ainsi dire son corps en deux parties, la jupe de plus en plus simplifiée et de couleur sombre faisant ressortir par contraste la souplesse, la sveltesse, la mobilité ondoyante d'une poitrine enfermée dans un corsage de couleur claire, savamment découpé pour amincir la taille, arrondir les épaules, effiler les bras. Le chapeau, lorsqu'il est très grand, fait ressortir la finesse d'un joli visage ; il y a une coquetterie inconsciente dans les amples cornettes des filles de Saint-Vincent de Paul. Le contraste des couleurs n'est pas moins puissant. Une robe verte réchauffera le teint d'une blonde pâle par l'impression de rouge qu'elle évoque ; une robe bleue conviendra mieux à un teint de rousse et à une carnation trop éclatante. Le blanc est la couleur la plus dangereuse à manier dans l'art de la toilette ; cru et fade en plein soleil, il peut devenir chaud et vibrant sous une lumière artificielle qui le dore, et, avoisiné par d'autres nuances du spectre dans la joyeuse cohue d'un bal, il donne la sensation d'un accord majeur fondant et unissant toute une suite de dissonances.

Le contraste caractéristique de la danse est le mélange des deux sexes. La recherche de la grâce fait éliminer de plus en plus le sexe fort des ballets de théâtre. Il en résulte une certaine monotonie d'effets. On s'en aperçoit par contre-coup lorsque certains costumes orientaux, dans Aïda ou dans la nuit de Walpurgis, nous changent de l'éternel maillot, du corselet de satin et du jupon court.

L'art des jardins fait un fréquent usage des massifs d'arbustes pour faire équilibre à un arbre puissant, des corbeilles de fleurs éclatantes pour balancer un groupe d'arbustes. De même, en traçant des allées courbes sur les points où l'espace est trop restreint, on arrive à donner l'illusion d'un mouvement et par suite d'un espace plus considérable ; la tension tient lieu de l'intensité absente.

Souvent l'art des jardins servira tout entier de contre-poids à un autre art, l'architecture. Un rideau d'arbres masquera le défaut d'équilibre d'une construction. C'est ainsi que dans certaines villas de la Corniche un belvédère, à pic sur la mer, a pour heureuse contre-partie, à l'arrière, un bouquet de gracieux palmiers ou de pins touffus.

La loi du contraste éclaire singulièrement le problème mystérieux de l'échelle en architecture. Nous avons noté au début de cet essai l'impression de froideur causée de prime abord par Saint-Pierre de Rome. Le Président de Brosses en disait : « Ce n'est ni grand ni petit, ni haut ni bas, ni large ni étroit... Tout cet édifice, par l'admirable justesse de ses proportions, a la propriété de réduire les choses démesurées à leur juste valeur [1]. » Entendez une valeur moyenne qui supprime tout étonnement. Si la cathédrale de Strasbourg est plus saisissante, cela tient assurément pour une part à ce que la basilique vaticane, à l'imitation des temples anciens, est construite d'après une échelle artificielle, tandis que la cathédrale gothique est établie à l'échelle du corps humain. On sait que les Grecs, esclaves d'une symétrie rigoureuse, ont pris comme étalon de dimension pour leurs édifices un certain nombre de types de colonne à chacun desquels se superposait tout un ordre d'architecture. Quand les dimensions générales de l'édifice s'augmentaient, chaque détail de structure croissait avec l'ensemble, si bien que « le grand

1. *Lettres familières.*

temple grec est le petit vu avec un verre grossissant[1] ». Leurs constructions les plus vastes, ainsi exactement équilibrées, ne pouvaient être grandioses que par réflexion et par une sorte de calcul mental.

Cet effort est supprimé par l'architecte gothique. Opposant franchement la hauteur de la taille humaine aux dimensions générales de son édifice, il accuse immédiatement par contraste ses proportions réelles.

Dans les portiques grecs, les marches d'accès se haussaient avec la dimension des colonnes, au point quelquefois qu'elles ne pouvaient plus être gravies, et qu'il fallait les subdiviser par endroits. Mais, vues d'une certaine distance, l'œil devait les ramener invinciblement à la hauteur de marches ordinaires, et les autres parties de l'édifice, établies sur une même échelle, devaient subir une diminution proportionnelle de leurs dimensions. Le grand temple pouvait paraître « un petit temple vu de trop près ».

Dans un édifice gothique rien de pareil. Au dehors la porte au lieu de grandir démesurément comme dans le style grec, « ne dépasse pas la hauteur suffisant au passage d'un homme avec sa hallebarde ou sa bannière[2] » ; les fenêtres se divisent en meneaux de la largeur habituelle aux maisons bourgeoises ; les pierres de la façade, posées sur leur lit, accusent franchement leurs arêtes et donnent à l'œil, par l'épaisseur des assises, une mesure de plus

1. Viollet-le-Duc. *Entretiens.*
2. *Ibid.*

Pl. XV.

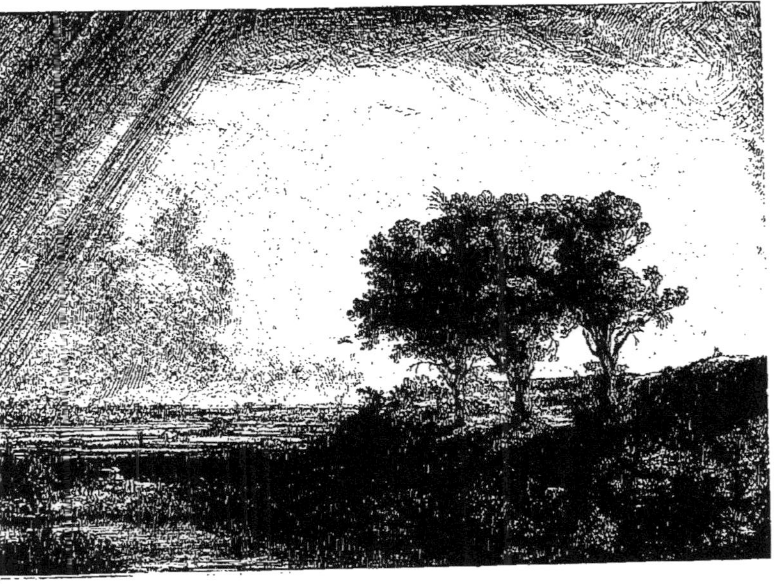

Photo Giraudon.

LES TROIS ARBRES

Rembrandt.

pour apprécier les hauteurs. A l'intérieur, bases et chapiteaux des piliers sont toujours réglés sur la taille de l'homme, quel que soit l'allongement de leur fût. Les galeries supérieures avec leurs colonnettes le sont aussi ; si bien que l'œil, ramené sans cesse à cette commune mesure, saturé de cette échelle relativement petite, exagère invinciblement par contraste l'étendue et la hauteur des surfaces qui la multiplient.

Comme l'architecture, la sculpture grecque s'est peu préoccupée de l'équilibre par contraste. Sur la frise du Parthénon, Phidias a disposé cependant ses sujets avec une certaine liberté de mouvements et d'attitudes. Dans les angles symétriques de ses tympans, il ne s'astreint à reproduire ni le même genre ni le même nombre de personnages. Ses successeurs vont plus loin encore. Dans ces stèles offertes comme ex-voto, par les dévots d'Athènes à leurs dieux tutélaires, le parti pris d'opposer un rythme de tension à un rythme d'intensité s'accuse nettement. D'un côté, le Dieu et les parents calmes et graves, de l'autre, toute une nichée d'enfants, d'animaux familiers sont groupés dans un gracieux fouillis.

La peinture trouve dans l'équivalence des rythmes ses effets les plus variés et ses harmonies de dessin les plus originales. Dans ces eaux-fortes où Rembrandt a transcrit l'atmosphère moite, le sol herbeux, la végétation grasse, les nuages balayés par le vent, le ciel rayé d'averses de sa chère Hollande, on retrouve presque toujours un groupe d'arbres ou de constructions solidement planté sur un des côtés de la composition, de l'autre une succession indéfinie de plans se perdant dans un horizon lointain. L'intensité des lignes, des couleurs sombres du premier plan, fait équilibre à la haute tension des mille objets fuyant dans une perspective indéfinie. Les fameux « Trois arbres » sont un type caractéristique de ce mode de composition.

Voyez la « pièce aux cents florins ». Le moribond étendu à la droite dans une ombre profonde n'est entouré que de rares personnages dessinés avec vigueur. Sur l'autre moitié du tableau la foule est plus dense ; des docteurs et des pharisiens discutent avec animation ; il s'en dégage une telle vivacité de mouvement que Rembrandt a dû les dessiner au simple trait pour ne pas nuire à l'équilibre de l'ensemble.

Bien des peintres ont ignoré ou dédaigné cette équivalence des rythmes dans le dessin et la couleur. L'école d'Athènes, la Vierge de Saint-Sixte, la Sainte Cécile de Bologne surtout, dénotent chez Raphaël l'obsession d'un exact équilibre de tension et d'intensité. Les personnages sont distribués méthodiquement à gauche et à droite en deux masses égales ; le coloris s'y répète presque avec les mêmes tons et les mêmes valeurs.

Comparez ces compositions symétriquement ordonnées à une de ces scènes d'intérieur où excellent les Terburg, les Metzu, les P. de Hoogh. Ici un cavalier robuste avec feutre à larges bords, justaucorps de cuir fauve, bottes molles à entonnoir, a, pour contre-partie,

Pl. XVI.

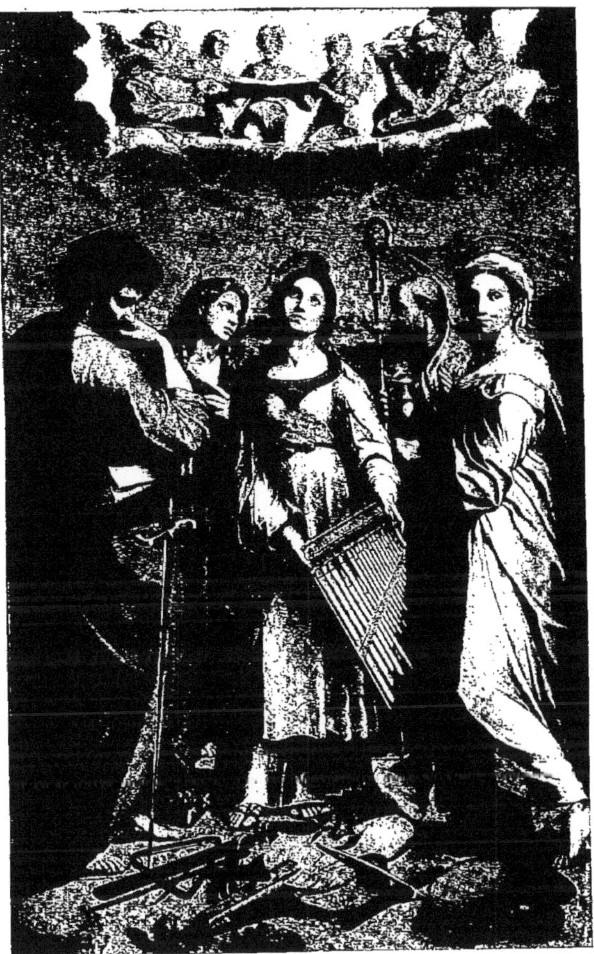

Photo Giraudon.

SAINTE CÉCILE

Raphaël. — Bologne.

une mince jeune femme aux cheveux blonds, à la robe claire, entourée d'une foule d'accessoires qui compensent l'infériorité de sa taille. Là, une autre jeune femme en jupe de satin fait encore équilibre, grâce aux meubles groupés autour d'elle, à deux personnages assis en avant d'un fond uni et terne et vêtus de couleurs volontairement assombries.

La musique, avec ses rythmes si nets et si distincts, fait toucher du doigt pour ainsi dire cette faculté d'équivalence des formes du mouvement.

Prenons l'andante de la *Sonate en mi bémol* « quasi una fantasia » de Beethoven. Le premier temps se compose d'une idée unique, pour ainsi dire, et qui apparaît pourtant sous quatre formes différentes grâce à de simples substitutions de rythmes. Une première fois, la phrase est exposée avec simplicité à la main droite, enveloppée avec grâce par un dessin de la main gauche ; aussitôt après, elle se tend légèrement en hauteur sans changer d'allures, et, attirant à elle la basse, va se fondre dans la tonique supérieure. Le chant redescend ensuite ; mais, scandé cette fois par des accords légers et martelés, il semble plus rapide. Après deux reprises semblables, il modifie franchement son allure et se coupe en deux, la première partie s'élargissant avec intensité sur de graves accords, la seconde lui répondant par un gazouillis de notes légères. Puis, la phrase type reparaît sous une forme un peu plus vive qu'au début et termine le morceau.

Il est difficile de trouver un dessin plus varié sur une

trame plus uniforme. Les quatre phrases successives ne sont que la même phrase type développée sur un même rythme général, mais tantôt élargie par des notes allongées et des sons graves, tantôt égayée par des notes vives et des sons aigus. Ici sur un phrasé large est brodé un accompagnement rapide ; plus loin le chant s'anime et s'égrène sur quelques notes accentuées par la main gauche. L'équilibre par contraste s'établit tantôt d'une main à l'autre, tantôt d'une phrase à la suivante, tantôt d'un membre à l'autre d'une même phrase, et l'ensemble donne une impression d'harmonie complexe et rare.

L'air de Chérubin des *Noces de Figaro* est un autre exemple typique d'équivalence de rythmes.

Dans presque chaque mesure de la première phrase le temps faible se dédouble pour faire équilibre à la noire du temps fort, tantôt par deux croches, tantôt par quatre doubles croches. Dans la phrase suivante en mineur, le dédoublement se fait au temps fort aussi bien qu'au temps faible. Puis, sur une modulation en majeur, l'air prend une allure plus grave et plus symétrique ; mais aussitôt après, l'agitation est accentuée par une suite de notes hachées, soutenues par des tenues gémissantes des violons et tout se fond enfin dans le retour de la cadence première.

Il n'y a dans tout ce morceau aucun artifice de déclamation, de points de suspension, de changement du rythme général. L'air se déroule sur une mesure toujours égale, mais incessamment variée par des subdivisions de rythmes qui marquent avec autant de simplicité que de

Pl. XVII.

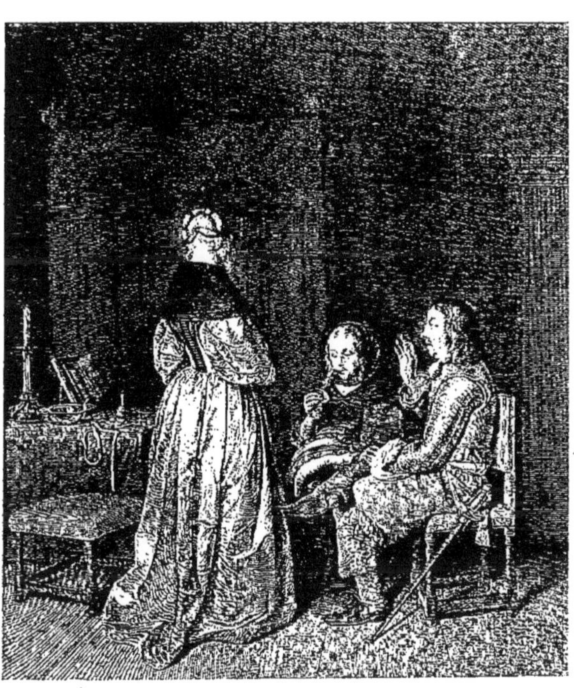

Photo Giraudon.

L'INSTRUCTION PATERNELLE

Terburg. — Gravé par G. Ville.

grâce les palpitations d'un cœur qui s'éveille à l'amour.

Il n'en reste pas moins que, pour obtenir un effet d'intensité religieuse ou dramatique, la persistance d'un même rythme s'impose presque. Les notes lourdes, toujours égales du *Stabat* grégorien ont une puissance déchirante bien supérieure à toutes les recherches de rythme de l'œuvre théâtrale de Rossini.

Le contraste ne joue pas seulement un rôle important dans la phrase musicale, il intervient dans la charpente de la composition tout entière.

Les premières œuvres musicales sont symétriquement équilibrées. Dans un oratorio de Bach le récitant alterne périodiquement avec le chœur. Dans nos opéras modernes, la variété, le contraste est partout.

La symphonie et la sonate, qui n'en est qu'un diminutif pour un ou plusieurs instruments, sont d'une invention relativement récente ; mais leur coupe a été dès le début si heureusement équilibrée par Haydn qu'elle n'a guère été modifiée depuis lors. Elle repose tout entière sur l'harmonieux équilibre de divers morceaux ou « temps » variés moins par les idées que par leur rythme.

Cette coupe a beaucoup d'analogie du reste avec le développement d'un morceau oratoire. L'introduction qui lui sert d'exorde est généralement calme et grave. Un allégro vif et bien mesuré lui succède ; c'est la partie capitale de l'œuvre, celle où le compositeur expose ses idées, les développe, les répète avec certaines variantes comme pour les montrer sous tous leurs aspects. Cet allégro correspond au récit de l'orateur, à l'exposé des faits de l'avocat : telles les batailles du prince de Condé dans l'oraison de Bossuet ou l'énumération des actes de la vie civique de Démosthène dans le Plaidoyer pour la Couronne. A cet allégro succède un mouvement lent, d'une rêverie douce ou d'une mélancolie pénétrante. C'est la halte auprès d'une source fraîche qui coupe une longue étape ; c'est l'heure où le musicien ouvre son âme, méditation angélique avec Mozart, souvent douloureuse et tourmentée avec Beethoven. Et c'est l'heure aussi où l'orateur s'adresse non plus à l'esprit, mais au cœur de son auditoire. Puis vient un final brillant précédé d'un court menuet qui lui sert de transition avec la partie méditative. Ici, c'est l'entrain et la verve qui importent. Plus d'une composition de Beethoven se termine par un mouvement large analogue aux péroraisons épiques de Bossuet ; mais, le plus souvent, la fin d'une symphonie ou d'une sonate ressemblera à l'accumulation de saillies spirituelles et pétillantes d'une fin de plaidoyer. Si le dernier temps majestueux de la *Symphonie en ut mineur* fait songer à la fameuse prosopopée : Venez peuple, venez maintenant..., la plupart des finales sont construits comme ces fins de harangues, où l'orateur, après avoir éclairé son auditoire et gagné son cœur, se donne le malin plaisir de ridiculiser son adversaire. Le juge a été convaincu, ému ; il faut plus encore, il faut qu'il rie pour être mieux désarmé.

Sans vouloir insister plus qu'il ne convient sur cette comparaison de la composition musicale avec l'art oratoire, nous pourrons, ce semble, en tirer cette conclusion, que le contraste du mouvement et des idées dans les divers temps d'une symphonie est tout aussi logique et puissant que la gradation des effets dans l'ordonnance d'un discours.

Il y aurait beaucoup à dire sur les effets de contraste tirés des sonorités spéciales de chaque instrument dans l'orchestre. Cette polyphonie orchestrale, Wagner semble l'avoir poussée à sa perfection, en classant et organisant l'orchestre en familles d'instruments distinctes. Lohengrin est une merveille d'instrumentation par contraste. Les instruments à vent, aux sonorités moelleuses, alternent avec les sons mordants du quatuor, piquant chaque fois la curiosité de l'oreille, et se confondent ensuite en une sorte d'accord parfait de timbres qui se superpose à l'harmonie du contrepoint. Il en résulte une variété et une puissance d'accents extraordinaires. Le même orchestre, jouant une page de Wagner après une symphonie d'Haydn, semble avoir doublé et même triplé ses instrumentistes.

En résumé, en accentuant la tension du rythme, l'artiste peut suppléer ou balancer l'intensité du mouvement dans une œuvre d'art. Il peut à son gré grossir un homme maigre, allonger une femme petite, prolonger fictivement un jardin, agrandir un édifice, équilibrer sans le secours de la symétrie un bas-relief ou un tableau.

Nous l'avons dit, c'est l'application sous une forme esthétique d'une vérité banale en mécanique : ce qu'on perd en force, on le gagne en vitesse.

IX

CONDITIONS DE L'ŒUVRE D'ART

La matière en art, avons-nous dit, intervient comme support du rythme et pour lui permettre de varier son action sur nos sens. Comme ces sens forment des groupes distincts, toucher, vue, ouïe ; comme ces sens sont impressionnables chacun séparément par l'un des trois états de la matière que nous avons regardés comme esthétiques, il en est résulté en art des modes d'expression également distincts et correspondant à chacun d'eux.

Du toucher sont sorties l'architecture et la sculpture ; la vue a inspiré le dessin et la peinture ; l'ouïe, la musique et la poésie.

L'artiste s'est fait sculpteur, peintre ou musicien suivant la prédominance d'un de ces sens sur les deux autres. L'oreille de Mozart était si délicate qu'il ne trouvait jamais une flûte assez juste ; l'œil de Raphaël si précis qu'il traçait sans compas une exacte circonférence ; le toucher de Michel-Ange si aiguisé qu'il se consolait d'être devenu aveugle en palpant le beau torse de l'Ilissus.

N'oublions pas pourtant que la matière est une et que

ses trois états tiennent simplement au degré de mouvement qui lui est incorporé : le fer échauffé se colore en rouge ; une flamme mince d'hydrogène brûlant dans un tube de verre rend un son musical.

Et de même en art tous les modes d'expression se touchent et se pénètrent ; une apparence peut se substituer à une autre. L'artiste peut traduire la beauté plastique par des traits et des couleurs appliquées sur une simple toile, le mouvement oratoire par une attitude et un geste figés dans le marbre, la lumière ou les ténèbres par une succession d'accords.

Allons plus loin. Un mot, des caractères fixés sur le papier peuvent suffire à éveiller dans notre âme l'image et la sensation d'une harmonie matérielle.

Il se produit, en effet, en art la même relation de phénomènes qui nous sert dans la vie ordinaire à nous guider dans notre milieu. Le toucher seul nous fait connaître l'espace, et par suite la forme et les dimensions des objets ; mais cet objet une fois connu par le toucher et classé par la vue, c'est-à-dire par les ondulations lumineuses rythmées qu'il projette sur notre œil, son image seule désormais nous le fera reconnaître.

Bien plus, nous superposons à cette image visuelle un mot, vibration sonore qui, une fois accouplé à elle, suffira à son tour à nous rappeler cet objet. Et ce mot nous pouvons l'écrire.

Les six lettres du mot cheval amènent le souvenir d'un son attaché lui-même à l'impression visuelle d'une forme résistante que nous avons pu connaître par le toucher.

Il en suit que l'artiste peut employer à son gré le mot, le son, l'image ou la forme plastique pour éveiller en nous l'impression d'harmonie qu'il veut nous faire goûter.

L'apparition du sentiment esthétique chez l'homme étant évidemment postérieure à l'évolution qui a spécialisé nos sens, l'art a pu embrasser dès l'origine tous les modes d'expression : la musique est contemporaine de l'architecture. L'une de ces formes n'est donc pas d'un degré supérieur à l'autre. Elles sont simplement les aspects divers des harmonies que la nature réalise et dont l'artiste choisit pour les exprimer les rythmes plastiques, lumineux ou sonores, suivant l'inspiration de son génie personnel.

Ce choix fait, l'artiste doit s'y tenir. En surchargeant son œuvre, en mélangeant les rythmes, il risque d'affaiblir l'intensité d'expression du rythme principal et d'obtenir une impression plus superficielle et moins profonde.

La parure a pour objet de faire valoir l'harmonie du corps humain.

Pour dégager cette harmonie elle doit simplement en accentuer les rythmes les plus heureux, les plus caractéristiques et atténuer ou voiler discrètement les autres.

Une tête énergique n'a besoin pour être en valeur que d'une collerette plate et d'un feutre à larges bords.

Un homme bien fait se contente d'ajuster son vêtement à sa taille, de se draper dans un manteau souple qui laisse l'aisance à ses mouvements, de dégager ses jambes pour faciliter sa démarche. Il préférera les couleurs neutres qui n'attirent pas le regard sur le reste du corps aux dépens du visage, et évitera les changements brusques de ton d'une partie à l'autre de son vêtement pour ne pas nuire à l'harmonie de l'ensemble.

Une femme avec des traits réguliers et une chevelure opulente mettra une simple robe de velours noir. Ses cheveux relevés dégageront le col et la nuque. Rien dans le cadre ne viendra distraire l'œil du tableau.

S'il ne lui suffit pas d'encadrer sa beauté, elle saura en accentuer le caractère.

La blonde accroîtra la haute tension de sa peau claire par une robe bleue pâle ou rose tendre qui étendra cette tension à toute sa personne, ou elle l'exaltera par un contraste de tons verts.

La brune recherchera les couleurs riches et intenses, jaune, bleu foncé, rouge, qui s'accorderont avec la chaleur de son teint.

Telle femme accusera sa démarche imposante par l'ampleur de ses vêtements. Telle autre, gracieuse et élancée, moulera son corps et ses membres pour en faire ressortir la flexibilité et la souplesse.

Une coiffure masculine s'accorde assez bien avec des traits nets et fermes, mais c'est un cadre dangereux pour une physionomie un peu irrégulière et mobile. A celles-ci il faut une de ces coiffures de fantaisie où excellent nos modistes et dont l'irrégularité savante arrive à harmoniser les lignes les plus heurtées, les contours les plus indociles.

Nous avons vu, chemin faisant, toutes les ressources que l'art de la toilette peut tirer des effets de contraste.

La parure a un sens plus haut encore. Le vêtement doit s'adapter non seulement aux formes plastiques de celui qui le porte, mais à son caractère intellectuel et moral. L'habit du soldat ne saurait ressembler à celui du prêtre, ni la robe d'intérieur d'une femme à sa toilette de visite.

Il est clair qu'à tout esprit grave, à toute profession austère doit correspondre un vêtement de coupe simple et de couleur sombre, et qu'un esprit gai, un métier badin s'harmonisent mieux avec une coupe de fantaisie et des couleurs vives.

L'erreur dans l'art de la parure consiste tout justement à la considérer en elle-même, à faire une belle robe ou un bel habit.

Son but n'est pas de faire dire : Madame est bien mise, mais : Madame est bien.

A la parure peut se rattacher la danse qui fait valoir l'harmonie du corps humain en mouvement. La danse proprement dite exprime un équilibre purement physique des membres et des muscles, coordonnés dans une tension aussi haute que possible. La mimique manifeste par des gestes simples le rythme des sentiments intimes.

Le défaut fréquent des maîtres de ballet est de chercher des effets d'équilibre intense et d'obliger le danseur à concentrer ses efforts dans un seul sens, au lieu de faire vibrer tous ses muscles à la fois par une tension gracieuse.

H. Spencer a raison : les tours de force sont l'antipode de la grâce. L'erreur contraire des mimes est de s'agiter hors de propos. Aristote parle déjà de « ces mauvais mimes qui pirouettent sur eux-mêmes pour imiter un disque qui tourne ou qui tirent à eux le coryphée quand ils jouent la *Scylla* au son de la flûte [1] ». Notre Pierrot se blanchit et s'enfarine pour que rien sur lui ne vienne distraire l'attention du spectateur. C'est par là que son moindre geste acquiert toute son intensité d'expression.

L'art des jardins est la parure de la nature : « Un jour en Bretagne, raconte M. de Choulot [2], nous parcourions de grandes landes avec une dame qui nous indiquait l'emplacement qu'elle voulait consacrer à son parc. Elle nous arrêtait souvent pour nous faire admirer le site que nous trouvions d'une monotonie désespérante et elle répétait avec un accent parfaitement en harmonie avec le pays que nous avions devant les yeux : « Voyez, Monsieur, « comme c'est triste ? Comme c'est mélancolique ? Oh ! « prenez bien garde d'affaiblir ces deux effets ; c'est la « beauté de notre pays. » Ces paroles firent écrouler l'échafaudage de notre composition contre nature. Non seulement je respectai la grandeur de la lande et sa solitude, mais je m'en inspirai. Nous arrondîmes quelques beaux groupes de futaies distribués sur la lande comme les encadrements naturels d'un horizon sans limite et

1. *Poétique*, ch. XXVI.
2. Cité par Ch. Blanc.

nous réunîmes cinq ou six flaques d'eau en un vaste étang dont les bords sans reliefs mêlent aujourd'hui leurs teintes grisâtres à la surface tranquille de l'étang, qui reflète comme un miroir quelques parties azurées du ciel et répètent les nuages qui passent comme le seul indice de mouvement dans ces contrées silencieuses. »

L'art des jardins est souvent subordonné à l'architecture. Quand un jardin est tracé comme annexe d'une construction monumentale, il doit naturellement s'y adapter par des avenues régulières qui prolongent pour ainsi dire la circulation intérieure de l'édifice ; mais cette régularité ne saurait aller jusqu'à contraindre la nature à prendre des formes architectoniques comme les ifs taillés de Versailles.

Nous avons défini l'architecture un vêtement de pierre qui tire son caractère esthétique de l'accommodation même de sa structure au genre de vie de ceux qu'il abrite. Elle est l'enveloppe sensible, la parure de cette âme supérieure qui est l'esprit de famille, de caste, de cité.

La ferme provençale, toujours exposée au midi, sans aucune ouverture vers le nord où souffle le mistral, est d'une construction uniforme. Une porte et une ou deux fenêtres au rez-de-chaussée donnent dans la salle commune ; au-dessus, deux ou trois fenêtres éclairent les chambres. Touchant la porte d'entrée un portail rond ferme l'étable où se remisent aussi la charrette et les outils aratoires ; sur l'étable s'ouvre le grenier avec sa poulie pour engranger les foins. Au-devant de la ferme un jardin potager et une vigne en treille.

A voir cette modeste demeure, on devine l'ordre, le travail, la paix qui y résident. Les fenêtres s'ouvrent joyeusement au soleil levant ; le père part pour les champs les enfants pour l'école ; la mère active prépare la soupe fumante pour le retour, tandis que l'aïeule assise se chauffe aux rayons du soleil. Et la maison, coiffée de ses tuiles rouges superposées à la génoise comme les tuyaux du bonnet de la vieille, semble sourire comme elle au soleil en tournant le dos au mistral.

A côté de ces fermes accommodées au climat et aux besoins du paysan, le château qu'un bourgeois enrichi commande à prix fait sur album à un architecte à la mode, ce château prétentieux, mal orienté, trop ajouré pour le midi, fait une étrange figure sur le paysage. Il rappelle ces maladroites successions de quintes qui font grincer les musiciens.

Qu'il s'agisse d'une maison de paysan ou d'un palais, l'objet de l'architecture ne change guère. Le style n'est que l'empreinte des besoins, des idées, des sentiments d'une collectivité et d'une époque.

Exprimer la vie des êtres qui l'habitent est le premier et le dernier mot de l'art dans une construction ; mettre des clochetons gothiques à une gare de chemins de fer, des colonnes de temple grec au portique d'une bourse de commerce est aussi illogique que de couronner de créneaux une habitation particulière ou d'y copier l'Opéra de Garnier.

Ces erreurs ne sont que trop fréquentes. On considère l'architecture comme un art indépendant, qui doit avoir une beauté propre, dont les formes, les ordres ont été catalogués, et on puise dans ce catalogue sans discernement et sans goût pour se dispenser de chercher et de traduire l'âme des êtres pour lesquels on veut construire.

La préfecture d'une de nos grandes villes du midi de la France se compose de quatre immenses façades à angles droits, percées de longues lignes de fenêtres accompagnées d'une décoration banale de pilastres avec base, entablement, frises et tympans. Napoléon III, en les voyant, s'exclama, dit-on : « Voilà de belles murailles ! » Belles murailles en effet derrière lesquelles on ne sent rien de vivant. Toute une rangée de fenêtres au rez-de-chaussée est condamnée à ne pas s'ouvrir parce qu'on a dû adosser contre elle l'escalier d'honneur. Une foule d'autres de ces trop symétriques ouvertures ont été coupées dans leur hauteur et leur largeur par des planchers et des cloisons pour tirer parti des étages démesurés qu'elles éclairent et en faire des bureaux et des cabinets habitables. Tout cela se sent, se voit même de l'extérieur, et on devine vite que l'architecte, comme un mauvais tailleur, a omis de prendre la mesure des services qu'il devait abriter.

Dans la même ville la gare a été récemment reconstruite. Une vaste charpente en fer a remplacé les deux modestes nefs de jadis, et son ossature, un peu trop apparente peut-être, accuse du moins franchement la grande portée qu'elle est destinée à recouvrir. Mais, au-dessous

Pl. XVIII.

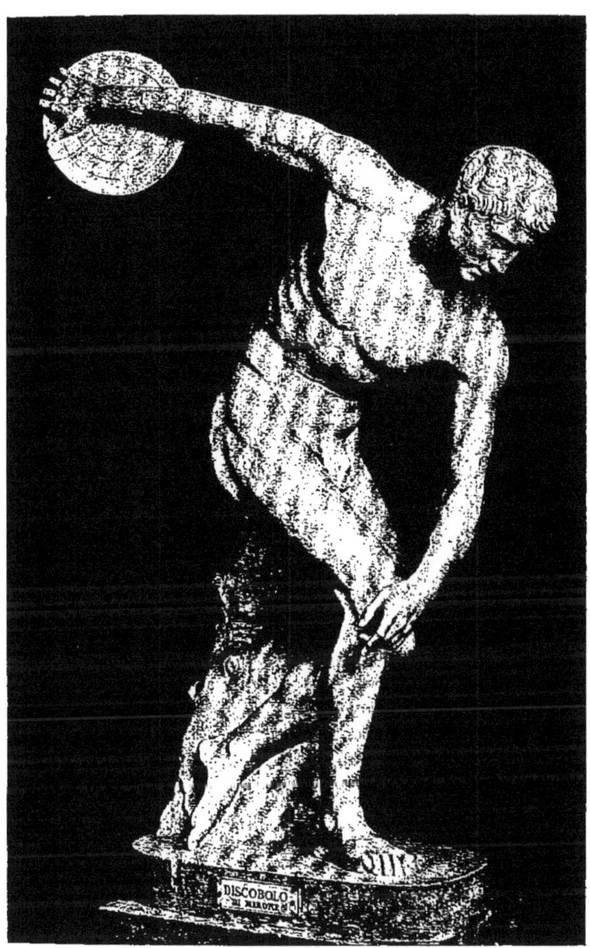

Photo Giraudon.

DISCOBOLE

Myron.

d'elle, et sur les murs intérieurs, on a plaqué des frontons qui ne terminent aucun toit et des corniches abritant des fenêtres qui ne recevront jamais la pluie. Au rez-de-chaussée, symétrie absolue des portes : cabinet du chef de gare, porte du buffet, porte du télégraphe, porte du lavatory, porte des salles d'attente, des bureaux des receveurs, des salles de bagages, toutes ces ouvertures sont d'une régularité géométrique qui est non seulement illogique et monotone à l'œil, mais désespérante pour le voyageur pressé qui hésite entre la porte de la salle à manger et celle du vomitoire. Si c'est de l'architecture utilitaire, elle manifeste bien mal son utilité.

Le sculpteur est ému par les rythmes plastiques. Nulle part mieux que dans cette enveloppe qui est le corps humain, la vie ne se révèle avec plus de force et de grâce. Le torse modelé en larges surfaces donne une sensation d'intensité robuste, accentuée par la délicate tension des membres. La tête résume et unit cette variété de caractères. En isolant ces rythmes, en les ciselant dans le marbre, le sculpteur leur donne une vigueur saisissante et réalise l'harmonie, la beauté sculpturale.

Mais de ce qu'une statue est faite d'une matière stable il suit naturellement que tout mouvement de haute tension lui est interdit. L'expression en sculpture ne dépend pas d'une accentuation du geste ; tout au contraire, le geste accentué, en figeant à jamais ce qui est par sa nature mobile, momifie le mouvement au lieu de le faire vivre. Le Discobole de Myron dessinant une courbe hardie pour lancer le disque n'est pas plus vivant que celui d'Alcamène debout, calculant la distance et recueillant ses forces.

C'est risquer d'hypnotiser le regard que donner des yeux à une statue ; c'est provoquer une impression de fatigue que projeter pour toujours en avant le bras d'un gladiateur ou la jambe d'une Bacchante. Le mouvement en sculpture est d'autant plus actif et vivant qu'il est plus sobre. Michel-Ange avait traduit cette loi un peu paradoxale, en disant qu'une statue doit pouvoir sans dommage rouler du haut en bas d'une colline.

C'est dans le portrait surtout que la sobriété des mouvements est nécessaire. La physionomie est faite de certains plis du visage devenus constants par la répétition fréquente des mêmes pensées, des mêmes actes, d'une même expression, et c'est cette expression habituelle, ce caractère qu'il faut saisir et rendre pour accuser l'harmonie morale, la vie intérieure d'un individu. Avec sa tête renversée, ses traits convulsés, sa bouche ouverte qui râle, le grand prêtre Laocoon ne fait songer qu'à une lutte vulgaire. Le buste d'un simple athlète traité, au contraire, avec le souci d'y mettre l'empreinte de toute une vie d'exercices corporels, peut avoir du style par la bestialité même qu'il révèle : telle cette tête de bronze trouvée à Olympie.

Tout autant que les gestes excessifs, la couleur est dangereuse à manier pour le statuaire. Sans doute une teinte légère et uniforme qui marquera le grain de la pierre ou du marbre n'est pas une imitation fâcheuse de

Pl. XIX.

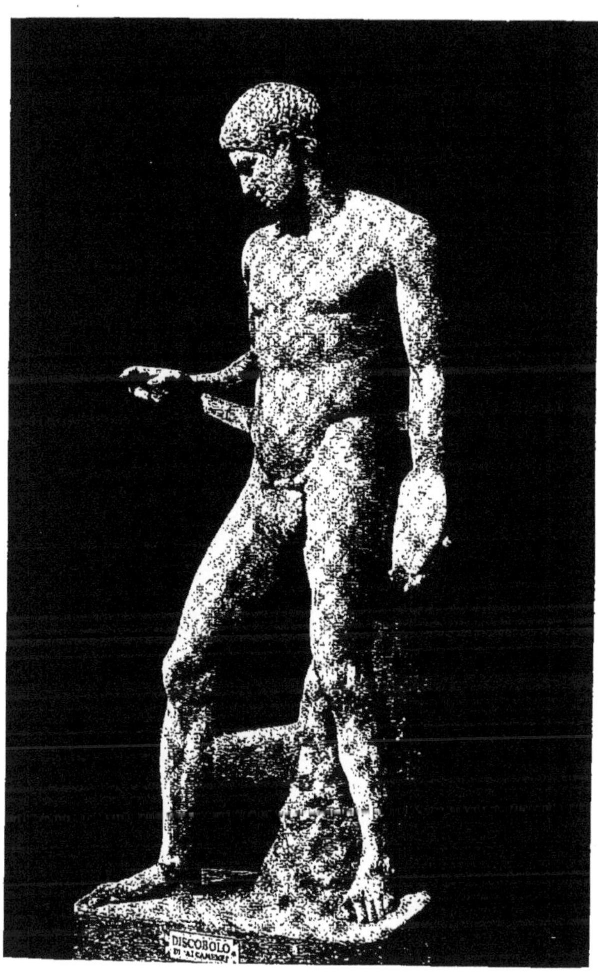

Photo Giraudon.

DISCOBOLE

Alcamènes.

la nature. Le coloris est une erreur lors seulement qu'il vise à reproduire les rythmes lumineux de la chair. Plus un mannequin se rapproche des formes vivantes, plus il accuse la distance qui l'en sépare. On ne peut que glacer, en les figurant, le sang rouge qui transparaît sous la peau ou le sang violet qui circule dans les veines.

Le peintre, comme le sculpteur, évite les gestes trop violents. La divine Joconde, d'un charme si pénétrant, cette patricienne assise qui semble sourire à la vie qui passe est d'une pose aussi simple, aussi ramassée que possible ; et elle n'en est que plus attirante. C'est que le portrait, sous tous ses modes d'expression, doit être le résumé d'une vie entière et qu'un geste accidentel ne peut que nuire à cet harmonieux équilibre.

Voyez au Salon Carré ce petit portrait d'Érasme, dont Holbein a dessiné le profil amaigri ressortant avec vigueur entre son large col et son bonnet de velours. L'œil à demi clos reste pensif ; les muscles du visage détendus, les cheveux flottants en courtes mèches indiquent le calme du rêve d'un philosophe, tandis que le nez mince et droit et la bouche d'une finesse ironique vous rappellent que vous êtes en face de l'auteur de l'*Éloge de la Folie*. Une toile pareille séduit moins vite, mais retient plus longtemps que les banquets somptueux et rutilants d'un Véronèse.

Pourtant, comme la peinture emploie des rythmes aux ondulations rapides et insaisissables, comme ces rythmes ont une tension plus élevée que ceux de la matière solide qui sert de support à la sculpture, elle peut, avec plus de raison qu'elle, prétendre traduire des mouvements violents et multipliés.

Les batailles, les orgies, les chevauchées dans l'espace sont de son domaine ; elle les évoque comme la perspective nous les montre du haut d'une montagne ou par le carreau d'une fenêtre. Plans successifs, couleurs, tout ce qui se voit sans être touché lui appartient ; elle est la joie de l'œil et pour lui éveille et fait revivre tout ce que la vue nous permet d'atteindre.

Et, plus que le sculpteur encore, le peintre excelle à traduire ces mouvements de l'âme si ténus, si subtils, qu'une matière palpable ne peut en préciser l'idée sans la rendre quelque peu grossière. Telle la douceur divine qui se dégage de cette figure du Christ que Léonard peignit pour le couvent de Marie des Grâces.

La peinture échoue au contraire lorsqu'elle veut calquer de trop près la réalité. Les panoramas, les trompe-l'œil sont des jeux d'enfants qui irritent dès qu'on en a percé le mystère.

Quoi de plus séduisant que la photographie ? C'est la vie prise sur le fait, le mouvement saisi au vol avec une précision mathématique. Sans doute, mais l'art ne repose pas sur une précision mathématique ; il nous montre la nature non telle qu'elle est, mais telle que nous la pouvons voir avec nos facultés imparfaites. Or, le mouvement instantané nous échappe : un cheval photographié au galop, un passant surpris au pied levé nous étonnent et tous déconcertent. Dans la réalité, notre œil n'est pas

Pl. XX.

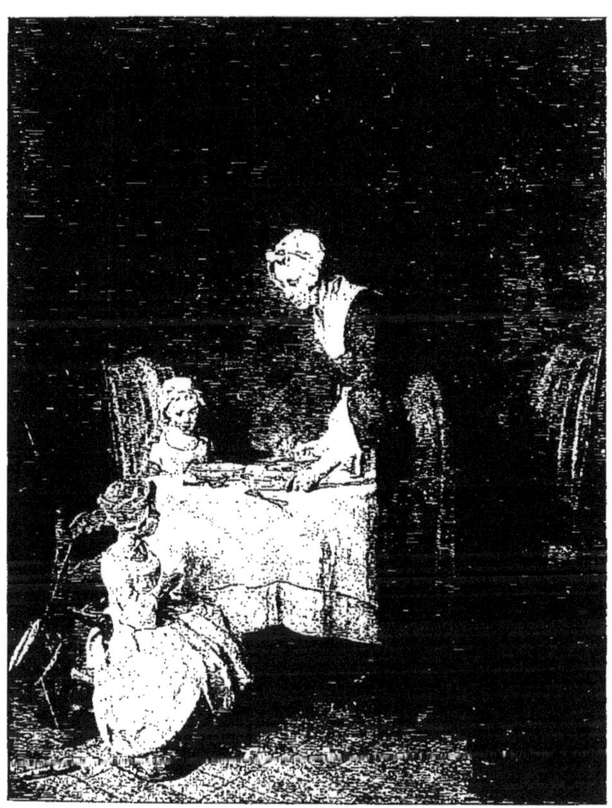

Photo Giraudon.

LE BÉNÉDICITÉ

Chardin.

immédiatement impressionné et la rétine garde ensuite un certain temps cette impression. Qui n'a dessiné étant enfant des figures lumineuses, en agitant vivement un tison incandescent dans l'âtre ? Qui n'a recomposé la lumière blanche en faisant tourner rapidement un disque divisé en secteurs aux couleurs du prisme ? Les impressions visuelles successives se marient si bien que nous percevons toujours des mouvements superposés ou juxtaposés ; nous voyons une action dans son ensemble. L'arc est encore tendu pour notre œil quand déjà la flèche vole. Nous faisons une courbe continue des points occupés successivement dans l'espace par le marteau du forgeron.

La photographie est incapable d'exprimer un ensemble de sensations équivalentes. Si l'instantanéité lui appartient, l'action, la vie lui échappent. Et c'est ici que l'art triomphe.

Imaginez une gouvernante servant la soupe fumante à deux enfants, puis enjoignant au plus jeune de dire le Bénédicité, et l'enfant joignant les mains et récitant sa prière. Dans toute cette scène la photographie verra une infinité de temps et de poses successives ; la peinture la synthétise sans effort. Demandez à Chardin.

Et demandez au Poussin comment on peut condenser our une toile cette autre scène où Diogène rencontre un chemineau au bord d'un ruisseau, le voit boire dans le creux de sa main et jette ensuite son écuelle.

Mais le nom même de Poussin fait songer aux dangers de ce procédé. A vouloir concentrer une action trop complexe on risque etomber dans le rébus. Ses tableaux à légendes seraient plus émouvants encore, s'il avait toujours traduit l'idée morale qui en fait le sujet par une scène pittoresque au lieu de poser trop souvent une sorte d'équation géométrique à peine plus vivante qu'un théorème.

La musique exprime quelque chose de plus immatériel que le geste, de plus fugitif que la couleur. Elle traduit non l'étendue, mais la succession. Elle est comme la trace laissée dans l'espace par l'évolution de la matière, ses enlacements, ses métamorphoses.

Sacchini a fait précéder de trois notes lentes des clarinettes l'aveu de l'amour de Polynice à la fille de Thésée :

« Ces deux clarinettes en tierce, descendant doucement jusqu'à l'entrée de la voix au moment où les deux amants échangent un tendre regard, sont, dit Berlioz, d'une intention dramatique excellente et donnent un résultat musical exquis. Les deux voix instrumentales sont là un emblème d'amour et de pureté. On croit, à les entendre, voir Eryphile baisser pudiquement les paupière [1]. » Halévy a employé le même effet dans la *Juive*. Rachel confesse, elle aussi, son amour avant de réclamer sa part du supplice réservé à Léopold. Ici encore les notes touchantes de l'instrument semblent parler pour elle et traduire avec une simplicité émouvante la pudeur et l'angoisse de son aveu.

Mais la musique n'est pas seulement un prolongement

1. *Traité d'Instrumentation.*

de la voix humaine : elle a sa vertu propre et son émotion à elle, tout comme les voix de la tempête et de la mer ont leur sinistre beauté pour qui ne peut voir ni la mer ni la tempête.

L'ouverture du *Freischutz* est à elle seule tout un poème symphonique.

A un exposé grave et mélancolique des cors succède un trémolo du quatuor sur lequel court une phrase douloureuse de violoncelle, scandée par une pédale impressionnante de contrebasse. Puis le quatuor s'anime, s'agite en syncopes heurtées ; les bois gémissent, halètent, éveillent les cuivres qui font éclater un tutti saccadé, montant et descendant avec une agitation fébrile. Ce déchaînement cède peu à peu, vaincu par sa violence même ; les sons s'unissent dans une sorte de repos grondant vers le médium, tandis qu'une voix chaste de clarinette s'élève comme pour annoncer l'espérance et le pardon. Ses accents d'une large intensité planent sur le tumulte et dessinent un hymne d'amour passionné. Le chant consolateur gagne l'orchestre sans parvenir à apaiser ses tressaillements. Le tutti agité du début repart avec une énergie nouvelle, entrecoupé cette fois par des fragments de la phrase rédemptrice murmurée tantôt par le hautbois, tantôt par la flûte. Le quatuor reprend ses syncopes angoissantes, et, secouant tous les instruments d'une convulsion suprême, les emporte dans une course échevelée vers une note suraiguë et déchirante... C'est la fin de la lutte et de l'épreuve. La plupart de instruments se taisent comme épuisés. Le violon repasse au violoncelle sa phrase douloureuse du début, mais élargie et confiante. La pédale de contrebasse elle-même se résout sur un accord très doux de tous les instruments à cordes. L'équilibre est complet. Un accord majeur éclatant, triomphal, annonce une péroraison pleine d'allégresse qui unit tous les instruments et tous les timbres dans un même transport de reconnaissance et de joie.

Par l'harmonie et la polyphonie qui accumulent dans chaque pulsation de l'orchestre une foule de rythmes superposés, par la mélodie qui entraîne ces rythmes dans une succession cadencée, la musique dispose d'un ensemble de mouvements d'une énergie, d'une délicatesse, d'une variété incomparables.

Son écueil est l'imitation servile de la nature.

Certes, il peut être bon, comme l'a fait Beethoven dans la symphonie pastorale, de faire entendre le rossignol ou la caille pour situer la scène orchestrale ; mais la musique a mieux à faire que lutter avec les bruits de la nature, elle y serait vaincue. Jamais « tutti » d'orchestre ne vaudront le grondement de la mer ou les mugissements de la tempête. Il suffit au musicien d'en réveiller l'écho dans notre âme et surtout de nous suggérer ces idées de grandeur ou de grâce, de force ou de tendresse, de douleur ou de joie, de haine ou d'amour qui feront toujours le délicieux tourment des cœurs avides de jouissances esthétiques.

Chaque mode d'expression en art est ainsi déterminé et limité par la matière qu'il emploie ; et si l'harmonie de l'œuvre d'art ne tient pas uniquement à ce respect des conditions de chacun des états esthétiques de la matière, elle déchoit du moins, d'autant plus qu'elle manque à s'y conformer.

Ici se pose une question délicate. A quel moment l'ouvrier devient-il artiste ? A quel signe distinguer une œuvre d'art d'un objet simplement accommodé à nos besoins ? Où est la limite entre l'art et l'industrie ? C'est la querelle du beau et de l'utile, que nous avons effleurée à propos des ruines et qu'il est temps de vider.

On connaît la réponse d'Herbert Spencer. Pour lui, le beau est pour ainsi dire le résidu de l'utile. Il s'approprie cette remarque d'Emerson dans un de ses essais. « Ce que la nature a jadis créé, afin de pourvoir à un besoin, ensuite elle s'en sert comme ornement : telle la structure d'un coquillage de mer, chez lequel les organes qui, à une certaine période, ont été la bouche, se trouvent à une autre période de sa croissance rejetés en arrière, et deviennent des nœuds et des épines dont le coquillage est paré. »

M. Guyau, qui a si finement analysé les caractères de l'émotion esthétique, n'admet pas au contraire, en principe du moins, cette opposition de l'utile et de la beauté. Il reconnaît une beauté très primitive, inhérente à l'utilité, en tant qu'ensemble de moyens et de fins bien ordonnés : « Cette beauté [1], dit-il, apparaît surtout quand cette utilité est plus visible et quand l'objet utile, mis en

1. *L'Art au point de vue sociologique.* (Paris, F. Alcan.)

action, prouve immédiatement devant nous son usage. Un arc est beau, lançant sa flèche ; le bouclier d'Ajax avec ses sept peaux de bœuf était beau dans la mêlée, arrêtant comme un mur tous les projectiles ; les poulies compliquées des puits de Vérone, près du vieux palais des Scaliger, prennent une certaine beauté lorsqu'on les voit soulever le seau ruisselant jusqu'aux plus hautes fenêtres du palais ; un levier semble beau aussi quand il soulève un rocher, et ensuite, si on le regarde au repos, on ne lui refusera plus un certain caractère esthétique par la vision anticipée de son effet. Cette sorte de beauté propre à l'utile peut aller en s'accentuant à mesure que s'acccentue la parfaite adaptation de l'objet à son usage. »

Et cela est vrai. Au début toute construction est massive et inélégante. Les premiers navires blindés étaient de lourdes batteries flottantes, aux lignes dures, aux armatures grossières qui faisaient regretter ces fins voiliers, légers à l'œil comme un vol de goélands. Ceux-ci avaient pourtant pour ancêtres les pontons barbares de Duilius et leur grâce s'était formée et développée à travers les siècles, suivant leur aptitude progressive à gonfler leurs voiles ou à fendre la mer. Il n'est pas douteux qu'il en puisse être de même de nos énormes cuirassés. Déjà des types presque élégants sont sortis de nos chantiers maritimes. Et ces colosses se meuvent avec aisance, obéissent au doigt et à l'œil pour ainsi dire, et ils donnent une sensation de puissance, de domination qui symbolise, tout autant que le plus somptueux palais, l'âme et le génie du peuple dont il protège l'existence.

Dans un ordre d'idées plus modeste, comparez la bicyclette à son précurseur le vélocipède. Celui-ci n'était guère que l'accouplement de deux petites roues de voiture par un grossier assemblage de barreaux de fer. La bicyclette est une merveille de légèreté et de précision mécanique. Les rayons de bois sont devenus de minces fils d'acier : la jante épaisse s'est creusée et réduite à une simple gaine, enfermant un caoutchouc, creux lui-même et gonflé d'air. L'assemblage est un cadre de tubes évidés ; une chaîne souple adoucit les points morts et permet de régler la vitesse ; les moyeux ont des billes mobiles qui roulent presque sans frottement autour de leur axe. L'ensemble est exactement adapté à son but ; aucun poids mort, aucun rouage inutile, tout est agencé, balancé, équilibré, vivant d'une tension extrême et pleine de grâce.

L'adaptation exacte d'un objet à sa fin semble bien être la condition de sa beauté esthétique. Pourquoi donc M. Guyau émet-il un doute à ce sujet ? « Par malheur, dit-il, plus un objet est approprié à un usage défini, plus il a chance de ne l'être qu'à celui-là, et de devenir inutile, désagréable ou même franchement laid sous tous les autres rapports ; une plume de fer, qui ne manque pas d'une certaine grâce quand on la voit courir légèrement sur le papier, est pourtant beaucoup moins esthétique qu'une plume d'oie grinçante qui, inférieure, peut-être sous un seul rapport, celui de son usage précis, aura la grande supériorité d'être une plume d'oiseau, blanche, transparente et presque vivante. De là une antinomie entre la beauté très restreinte de l'utile et tous les autres genres plus larges de libre beauté. C'est cette antinomie que rencontrent les architectes et les ingénieurs. Plus on augmente l'utilité d'une chose, plus on restreint en général sa beauté possible, en la circonscrivant pour ainsi dire dans les côtés uniques par où cette chose peut être utile. »

L'affirmation de M. Guyau est un peu étrange. Nous ne voyons pas en quoi une femme sera moins bien parée parce qu'au lieu d'une robe à tout aller, elle aura tour à tour une robe de bal, de visite ou un « déshabillé galant ». Il semble bien que la « spécialisation » de la toilette soit une condition de son harmonie. — L'indication de son « usage précis » dans une construction, que ce soit un pont ou une gare, un pigeonnier ou un château, ne saurait être davantage une déchéance ou une imperfection. Sans quoi nous en viendrions à prendre pour modèle l'architecte du palais de justice de Bruxelles qui a si bien dissimulé tous les services dans de somptueux couloirs et de non moins somptueux escaliers que le plaideur et même le magistrat ont besoin d'un guide et d'un plan pour s'y reconnaître.

Au reste, n'y a-t-il pas ici une confusion ? Ce que M. Guyau entend par « usage précis ou défini », ne serait-ce pas cet usage courant, cette destination banale qui pèsent sur l'objet qui doit servir à tout le monde ? La plume vendue à la douzaine, la chaussure à prix fixe, le vêtement confectionné, la maison à loyer sont des objets d'utilité courante, c'est-à-dire, obligés de s'adapter à tant de besoins différents, qu'ils ne conviennent absolument à aucun. Mais si ma maison a été bâtie pour les miens, mon habit fait à ma taille, mon brodequin ajusté à mon pied, leur utilité immédiate et définie en sera accrue et n'aura que plus de tendance à refléter une part de mon individualité, à révéler une harmonie plus ou moins esthétique. J'ai depuis quinze ans la même plume et ce n'est pas sans plaisir que je vois courir sur le papier cette mince aiguille d'or, interprète docile et infatigable de mes pensées. Elle me coûta quelques francs jadis et n'a rien d'un objet de luxe ; elle est tombée vingt fois par terre, s'est faussée, écartelée, tordue, mais toujours souple, s'est laissé redresser et est repartie chaque fois plus alerte. Telle qu'elle est, avec ses gibbosités lamentables, elle me paraît belle, parce qu'elle a lutté et souffert.

Il y a dans l'infanterie française deux types de revolver, un type commun destiné aux sous-officiers et aux tambours, un type de luxe pour les officiers. Le premier est une arme robuste et simple, le second a toute l'élégance compatible avec sa destination. Le canon est bronzé, le barillet aminci et évidé à l'intersection de chaque cloison des chambres à cartouches, la détente est gracieusement recourbée, la crosse en ébène ornée d'un quadrillage. Mais tous ces raffinements, loin de nuire à l'utilité de l'arme, ajoutent encore à ses qualités d'arme de guerre. Le bronzage dissimule le revolver aux regards, l'amincissement du métal diminue son poids, la courbure de la détente la lie bien aux doigts qui la pressent, le quadrillage empêche l'arme de tourner dans la paume de la main.

Mais laissons l'art un moment et consultons la nature. La parure multicolore de l'oiseau-mouche est-elle moins belle parce qu'elle lui permet d'échapper à ses ennemis en se confondant avec les fleurs ? Les jambes fines du chamois seraient-elles plus élégantes si elles ne servaient pas sa fuite ? La mâchoire du lion a-t-elle moins de caractère parce qu'il l'emploie à déchirer sa proie ? Les animaux ne seraient-ils beaux qu'empaillés, comme les châteaux qu'on prétend n'être beaux qu'en ruine ?

Et s'ils sont beaux même par leurs qualités utiles, pourquoi n'en serait-il pas de même des œuvres humaines? Est-ce profaner l'art que de parler de l'utilité d'un tableau ou d'une statue ? Mais l'utile n'est pas nécessairement chose matérielle et vile. Notre vie est plus qu'une simple fonction végétative. Nous avons d'autres besoins que ceux de boire et manger. « L'homme ne vit pas seulement de pain, » dit l'Évangile. A ces besoins supérieurs doivent correspondre des utilités plus hautes.

« Il y a quelques années, raconte Stanley Jevons, Mlle Zélie, chanteuse du Théâtre Lyrique à Paris, fit autour du globe une tournée artistique, et donna un concert aux îles de la Société. En échange d'un air de la *Norma* et de quelques autres morceaux, elle devait recevoir le tiers de la recette. Quand on fit les comptes, on trouva qu'il lui revenait pour sa part trois porcs, vingt-trois dindons, quarante-quatre poulets, cinq mille noix de coco, sans compter une quantité considérable de bananes, de citrons et d'oranges[1]. » Le bon sens de ces sauvages est une leçon de choses. Les choses d'art ont leur utilité

1. *La Monnaie et le Mécanisme de l'échange.* (Paris, F. Alcan.)

car elles satisfont à un besoin tout comme les bananes et les noix de cocos qu'ils offraient à la chanteuse. En les échangeant contre ses cavatines, ils ne croyaient pas faire un mauvais marché.

Et il est si vrai que les œuvres d'art sont utiles, qu'elles sont un des ressorts de notre vie sociale, que les seules œuvres dignes de ce nom sont celles qui ont été voulues par les mœurs, les aspirations, les goûts de l'époque et du milieu où elles apparurent. Les cathédrales gothiques nous révèlent l'âme mystique du moyen âge tout comme le mobilier contourné, marqueté, tarabiscoté du XVIIIe siècle, nous fait revivre la vie légère et sceptique de la Régence. C'est ce respect des fins de la nature qui donne à l'art son cachet, son caractère, son style. L'art est relatif et ne vit pas de perfection absolue, et de formes idéales. Il est le miroir de la vie et doit se pencher sur elle pour la refléter.

Le médecin légiste reconnaîtra l'identité d'un suicidé aux stigmates de sa profession. Telle déformation de l'ongle lui indiquera un horloger, tel cal du doigt de la main gauche un violoniste, telle saillie de muscles un forgeron. Ces déformations ne sont pas plus une laideur qu'elles ne sont une infirmité. Le bras robuste aux muscles saillants, maniant le marteau de forge, est beau, d'une beauté tout aussi complète que les fines attaches d'un éphèbe. Le rictus d'un damné vaut le sourire d'une danseuse. L'art jaillit de cette recherche, de cette expression de l'accord de l'objet avec son but, de la forme avec la pensée.

C'est un spectacle bien vulgaire que celui d'un palefrenier abreuvant ses chevaux. Pourtant, voyez au Louvre, cette petite toile où Paul Potter a rangé deux pauvres bêtes dételées, l'une allongeant le cou vers quelques grains d'avoine que picore une poule, l'autre tourant la tête vers le seau qu'un gamin rapporte de la rivière. Ils attendent là tous deux dans une posture machinale de bête harassée, n'ayant qu'une image dans le cerveau, celle de l'eau qui les rafraîchira tout à l'heure. Celui de droite plus vigoureux se tient droit sur ses quatre pattes, celui de gauche ne s'appuie que sur trois, comme tout cheval au repos et on sent son corps fléchir tout entier dans une détente de tous ses muscles. Ce n'est pas là certes un morceau de littérature ; mais si la scène est simple, l'exécution est digne des meilleures toiles du peintre. Son vieux cheval, gris sale, est étudié avec autant de soin que le *Taureau* de la Haye. Les jambes poilues, le dos amaigri, la croupe avalée ont un relief, un modelé qui donnent une vie intense à ce pauvre corps de cheval de halage épuisé par l'âge, le travail et les coups. C'est l'existence d'une humble bête de service, saisie et rendue avec cette fidélité respectueuse du vrai, avec cette vue synthétique des caractères accidentels, qui fait dire de l'art qu'il idéalise la vie lorsqu'il se contente d'en exprimer le sens.

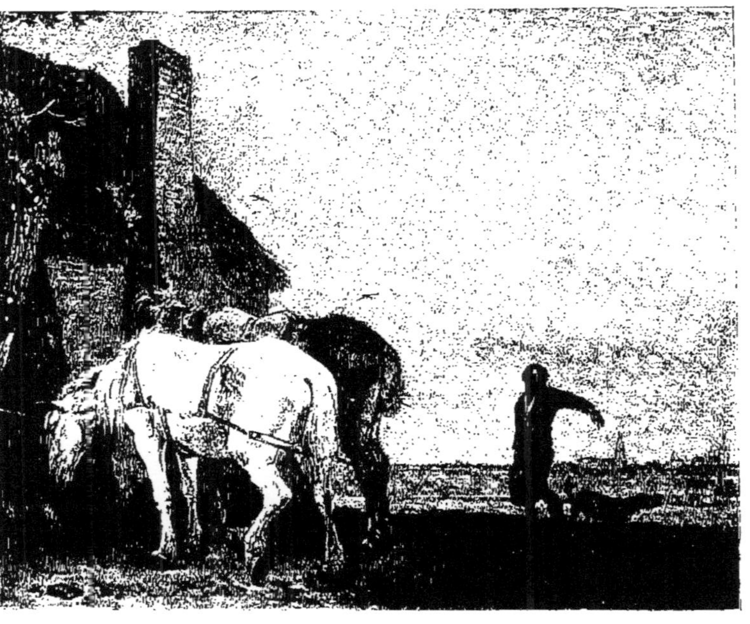

Photo Giraudon

DEUX CHEVAUX A LA PORTE D'UNE AUBERGE

Paul Potter. — Louvre.

X

AVENIR DE L'ŒUVRE D'ART

Il est temps de résumer cet exposé de la genèse de l'œuvre d'art.

Nous avons vu les particules de la matière, poussées par une énergie inconnue, se condenser, se cristalliser, s'agréger, se combiner, s'organiser sous une forme de plus en plus complexe pour réaliser la vie, équilibre plus ou moins stable, harmonie gracieuse ou grandiose, station d'une heure ou d'un siècle sur ce calvaire indéfini de l'évolution dont nous ignorons le point de départ et ne pouvons entrevoir la fin.

Nous avons vu l'homme, jeté dans cette nature en travail, lutter lui aussi avec son milieu, s'y accommoder et le conquérir d'abord par ses sens les plus grossiers, puis par ses facultés les plus hautes. Le goût, l'odorat lui donnent des satisfactions immédiates ; l'œil et l'oreille, unis au toucher, lui permettent d'étendre au loin ses perceptions et par suite son action et ses jouissances. L'esprit enfin, la conscience emmagasine et classe les sensations éprouvées, les perceptions acquises et il peut en les additionnant; en les multipliant, embrasser le monde et le posséder tout entier.

Mais comprendre, admirer ne lui suffit pas. L'homme s'irrite de voir ces œuvres de vie évoluer et se dissoudre. Il rêve de donner la durée à ce qui passe, de retenir ce qui fuit, d'immortaliser ce qui meurt.

De là, l'œuvre d'art. Par elle il renouvelle et entretient ses jouissances les plus délicates. Par elle, il les fait partager à ses semblables et émeut cette âme sociale qui se superpose aux âmes individuelles pour former une sorte d'organisme supérieur.

Pour arriver à réaliser son œuvre, l'artiste étudie la nature, en dégage les harmonies, puis les traduit ou les recrée sous une forme plastique, lumineuse ou sonore.

Ses moyens sont, comme ceux de la nature, de la matière et du mouvement rythmé. Inférieur à elle par la puissance des matériaux dont il dispose, il y supplée par le jeu du rythme dont l'intensité ou la tension lui permettent de transposer ou de caractériser avec autant et même plus de puissance que la nature les enlacements harmonieux de matière et de mouvement qui l'ont séduit.

Par l'intensité il exprime ou accentue la grandeur, par la tension la grâce. Il substitue l'une à l'autre, balance l'une par l'autre et réalise ainsi des équilibres de plus en plus variés, des harmonies de plus en plus complexes.

Armé du rythme, il choisit le mode d'expression, matière stable, couleur ou son, qui correspond le mieux à ses facultés sensitives et crée l'œuvre d'art sous forme d'ar-

Pl. XXII.

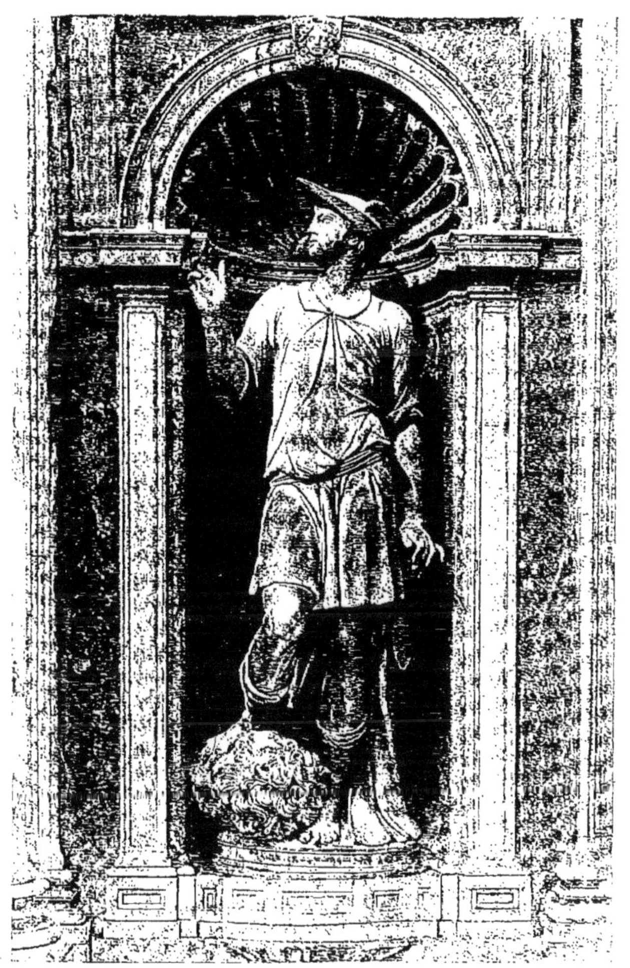

Photo Giraudon.

DAVID

Sansovino. — Loggia du Campanile. Venise.

chitecture, de sculpture, de peinture, de musique ou de poésie.

L'œuvre d'art n'est ni l'écho d'un idéal invisible, ni une création arbitraire du cerveau humain. Elle est un reflet de la nature, non d'une nature prise au hasard et à un degré quelconque de son évolution, mais de la nature à l'état d'équilibre, d'harmonie réalisée. Elle est cette harmonie perçue et transcrite par un tempérament d'artiste.

L'artiste ne crée qu'en ce sens qu'il exprime des choses les seules harmonies qui l'ont ému. C'est ce qui explique tant de différentes traductions d'un sujet identique. Dans le vainqueur de Goliath, Sansovino a vu un éphèbe gracieux et souple, Michel-Ange un colosse poussé avant l'âge. Mercié un berger nerveux et élancé.

A la simple inspection de la feuille d'ordonnances, un interne d'hôpital devine infailliblement le nom du docteur de service. Chaque médecin a son traitement et son remède préférés.

Ainsi en art, chaque artiste en vient, pour exprimer ses conceptions, à affectionner non seulement telle ou telle harmonie, mais encore tel rythme particulier, telle accentuation de tension ou d'intensité qui deviennent sa manière, son style personnel.

Michel-Ange se reconnaît entre mille par le rythme de grandeur agitée qui se dégage de ses figures de marbre. Notre Jean Goujon, presque à la même époque, donnait aux siennes une grâce élancée tout aussi caractéristique.

Ces styles particuliers lorsqu'ils sont maniés par un artiste de génie deviennent aisément des types d'expression esthétique qui s'imposent. De l'œuvre on tire une formule, de son auteur on fait un chef d'école.

L'élégance exquise de Watteau inspire tout le XVIIIe siècle. La coupe de l'ouverture de la *Flûte enchantée* a servi de modèle pendant cinquante ans à presque toutes les ouvertures d'opéras.

Mais de même que notre sensibilité physique s'épuise par des excitations répétées, de même notre sens esthétique s'émousse lui aussi dans la contemplation des mêmes formules.

Et de même qu'un alcoolique, un morphinomane augmente sa dose d'alcool ou de morphine pour renouveler ses hallucinations, de même les disciples et les imitateurs du maître surchargent son style et ses formules dans l'espoir de leur donner une vie nouvelle.

En architecture, le gothique primitif est devenu rayonnant pour se perdre dans un flamboiement échevelé.

La sculpture expressive de la Renaissance nous a valu les compositions apprêtées, affectées, tourmentées du cavalier Bernin et tous les « Santi Belli » rococos qui ornent la plupart de nos églises.

Le délicieux Watteau ne saurait être responsable des fades allégories d'un Baudoin ou d'un Natoire ; ni Mozart de tant d'ouvertures d'opéras bruyantes et vulgaires.

On regrette parfois l'influence trop prolongée d'un homme ou d'une école. La colonne grecque, ce fût merveilleux de proportion et d'élégance, a empoisonné pen-

PL. XXIII.

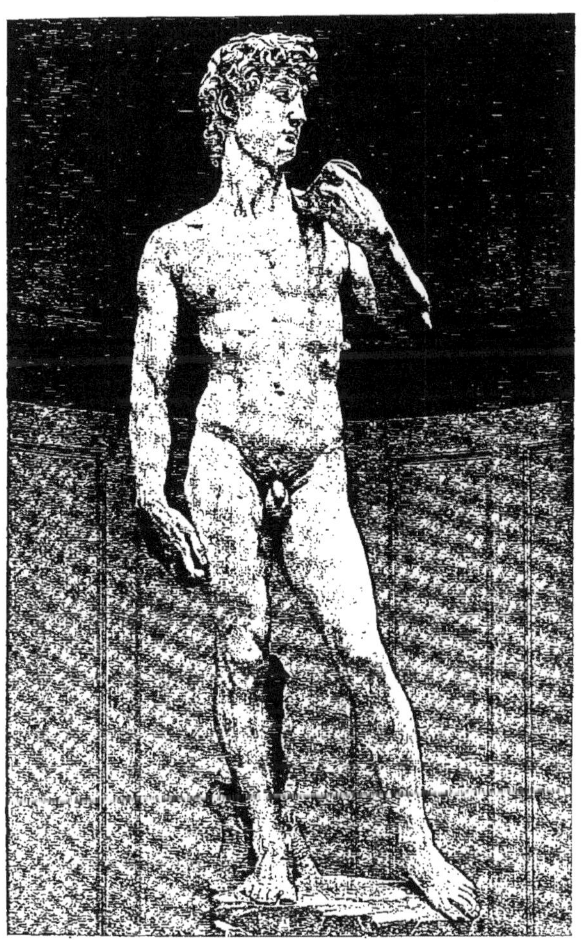

Photo Giraudon.

DAVID

Michel-Ange. — Florence.

dant des siècles l'inspiration des architectes. Pour en rajeunir la formule on a exagéré la sévérité du dorique dans le soi-disant ordre toscan, la richesse du corinthien par le pompeux chapiteau composite. A bout d'imagination on l'a même évidé et fait serpenter en colonne torse. Aujourd'hui encore on plaque pêle-mêle sur les façades de nos monuments des frontons, des corniches, des frises, des pilastres avec aussi peu de discernement que de goût.

En art comme ailleurs, il est des cadavres qu'il faut qu'on tue.

Heureusement pour l'art il est un reflet de la nature, et à l'heure où il paraît se dessécher dans des formules stériles, le souffle puissant de la vie vient le ranimer et le rajeunir.

L'architecte est tenu en haleine par des besoins toujours nouveaux. Le sculpteur, à moins de copier éternellement la Vénus de Milo ou l'Apollon du Belvédère, doit prendre ses modèles autour de lui, et la taille d'une Parisienne n'a rien de commun avec celle des Grecques du temps de Périclès. Ingres en peignant Bertin ne pouvait s'inspirer d'Holbein et du portrait d'Érasme. Les symphonies d'Haydn, claires, alertes, pimpantes, reflètent l'état d'esprit qui régnait à Vienne comme à Paris au temps des bergères de Trianon. De nos jours un quintette de Franck, passionné, fougueux, tourmenté, vibre comme un écho de l'âme sociale contemporaine.

A supposer donc que styles et écoles pussent vivre sans épuiser les rythmes et les formules qui les caractérisent, ces styles et ces écoles seraient nécessairement amenés à se modeler sur les besoins, les idées, l'esprit, les mœurs, la vie en un mot du milieu où ils ont surgi et prospéré.

Ici encore la nature est un guide infatigable et sûr pour l'artiste, et plus elle est exigeante, plus originales sont les créations qu'elle lui inspire.

Pour accrocher leurs palais aux flancs des collines qui ferment si étroitement son port, elle a amené les architectes de Gênes à construire de splendides escaliers intérieurs. Il en est résulté un type original d'architecture qui donne un aspect monumental et princier à des demeures condamnées à un extérieur modeste par le peu de recul que le terrain permettait à leurs façades.

C'est la nécessité qui a fait créer par les architectes romans la voûte d'arête et le contrefort pour obvier aux poussées dangereuses des voûtes en berceau. Et c'est cette répartition ingénieuse des résistances qui a permis ensuite l'amincissement des parois intercalaires, leur ajourement par des vitraux multicolores, l'enveloppement de vastes surfaces par un entre-croisement hardi de matériaux légers, tout cet agencement délicat, saisissant et un peu fragile qui a pris le nom de style gothique.

La sculpture a plus de difficulté et de répugnance que les autres arts à s'accommoder à l'évolution de son milieu. Certains monuments funéraires du Campo-Santo de Gênes reproduisent minutieusement la coupe et l'étoffe du vêtement moderne, le feutre du chapeau, le cuir de la chaussure. Ces détails peu intéressants et trop précis, qui attirent l'œil aux dépens des traits et de l'attitude des

Pl. XXIV.

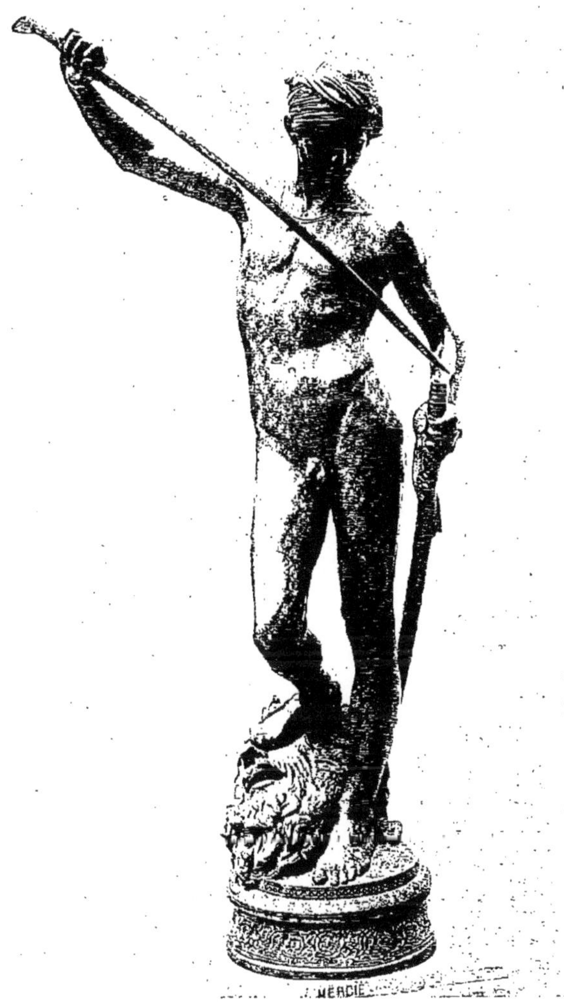

Photo Giraudon.

DAVID

Ant. Mercié.

personnages, sont assurément d'un goût douteux. Mais n'est-il pas excessif de condamner le sculpteur à ciseler éternellement des Atalante ou des Hippomène ? Le Voltaire en robe de chambre de Houdon, le Frédéric II en redingote et tricorne de Rauch n'ont-ils pas plus de vie, plus de grandeur même que le Bonaparte déguisé en empereur romain de la colonne Vendôme ou le Poniatowski casqué de Thorwaldsen ?

En peinture, le portrait oblige l'artiste à traduire non seulement les traits, mais les idées et l'expression de son modèle. N'est-il pas précisément une source d'inspiration toujours renouvelée ? Ne sommes-nous pas plus émus par le *Pie VII* de David que par ses *Horaces* ?

Une révolution s'est faite en musique au XVIe siècle. C'est le besoin de différencier la liturgie réformée qui conduisit Goudimel à créer pour le psautier huguenot ces cadences nouvelles qui ont été le point de départ de la musique moderne.

La voix de la nature, le respect de ses fins ont une action quelquefois si puissante qu'il semble qu'il n'y ait qu'à l'écouter et s'en inspirer pour faire un chef-d'œuvre. Cette influence décisive est frappante dans le mobilier et là surtout où nos besoins évoluent avec rapidité comme dans l'éclairage de nos appartements. Huile, bougie, gaz, électricité ont fait apparaître chaque fois certaines formes de lampes ou de lustres qui présentent artistement leur mode de lumière et la distribuent avec une réelle élégance.

La vulgaire lampe en terre à la mèche fumeuse est devenue la Carcel juchée sur son réservoir, portant haut sa clarté activée par le courant d'air de sa cheminée transparente et réfléchie par son abat-jour léger. Le lustre à trois lampes s'est transformé en une gracieuse torchère couronnée de plusieurs étages de bougies. Le gaz, souple, maniable, peu sensible au vent, est venu ramper le long de nos édifices, illuminer les architraves, s'arrondir aux flancs des coupoles. L'électricité enfin, pouvant brûler de haut en bas, divisible à l'infini, ayant comme le gaz une source de lumière indépendante, mais communiquant avec elle par un simple fil, l'électricité a permis, a fait créer ces panicules de fleurs étincelantes qui s'accrochent à nos plafonds, se glissent dans les plus étroits passages, passent sans danger à travers nos tentures et répartissent en tous sens leur rayonnement si tendu qu'il en paraît immobile. Le fait seul de pouvoir éclairer les objets de haut en bas peut et doit entraîner une révolution nouvelle dans notre système d'éclairement et dans les appareils d'éclairage. On peut croire que les lustres à gaz, lourds et gênants, qui au théâtre masquent la vue de la scène aux spectateurs, ont fait leur temps.

L'art en effet ne s'inspire pas seulement de nos besoins, il s'inspire aussi de nos ressources et de tout progrès quel qu'il soit.

L'emploi du fer a enfanté toute une architecture originale par les grandes portées qu'il permet. Le bronze, l'argent, l'émail ont apporté la sculpture sur nos tables sous forme de coupes, de vases, de statuettes et des mille créations de l'orfèvrerie. La gamme des couleurs et des sons s'est également enrichie tout au moins dans ses rela-

Pl. XXV.

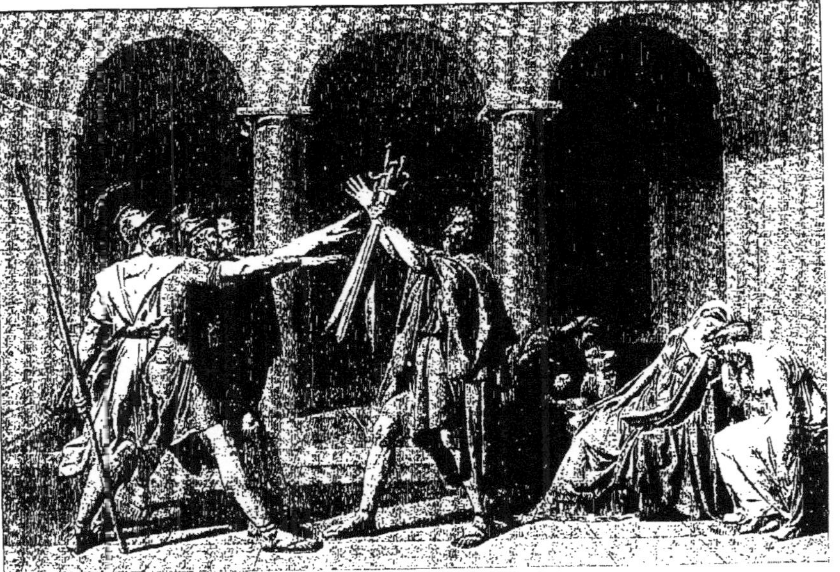

Photo Giraudon

LE SERMENT DES HORACES

David. — Louvre.

tions avec nos yeux et nos oreilles. Les intervalles de quarte et de septième sans préparation qui faisaient frémir les musiciens du moyen âge sont devenus pour nous de simples accords, et la composition musicale s'en est trouvée singulièrement facilitée et élargie. Des instruments nouveaux se sont créés. Bizet a pu donner au timbre voilé du saxophone la phrase touchante de l'introduction du deuxième acte de l'*Arlésienne*.

En peinture, nous saisissons des valeurs qui échappaient à nos pères et nous goûtons des combinaisons de tons qui leur eussent parues plus qu'étranges [1].

Et l'art ne profite pas seulement des ressources nouvelles de chaque mode d'expression esthétique, il progresse avec l'ensemble de la civilisation et du bien-être.

L'aurore de la Renaissance coïncide en Italie avec le réveil de l'esprit de nationalité et le développement inouï du commerce florentin et vénitien. L'art en Flandre est fils de l'émancipation des communes ; en Hollande il date de l'affranchissement de la domination espagnole, comme jadis l'art grec s'épanouit avec la défaite des Perses et l'avènement de l'hégémonie d'Athènes.

1. « Je ne crois pas qu'il existe à l'heure présente de peintre plus instinctivement « décorateur » que M. Desnard... Son plafond les *Idées* est une de ses plus jolies inspirations. Au ciel les étoiles s'allument derrière le réseau des branches noblement jetées, et dans l'azur nocturne, des figures légères montent éperdument, dont les amples draperies envolées au rythme de leur danse aérienne mettent dans l'espace de larges taches de jaunes orangés, soufrés et lilas, qui font avec le bleu du ciel et les verts sombres des arbres, d'exquises et rares harmonies... » (André Michel. *Promenade au Salon de 1899*.)

Que sera l'Art dans l'Avenir ? De tous côtés s'élèvent des cris d'alarme. Renan déclare que la science tuera l'art en tuant le mystère. D'autres ajoutent que l'évolution des mœurs ne lui sera pas moins fatale : la démocratie, en nivelant tout, abaissera l'art comme le reste.

Nous n'en croyons rien.

Et d'abord la science n'a pas tué le mystère ; elle n'a fait que le reculer. Elle décompose une goutte d'eau, mais c'est pour y découvrir un monde. Elle perce la voûte céleste de ses télescopes, mais c'est pour en constater l'insondable profondeur.

Il est superflu de démontrer que le savoir de l'ingénieur soutient, loin de les gêner, les conceptions de l'architecte. L'anatomie n'embarrasse que les médiocres statuaires ; avant de s'attaquer au marbre, les sculpteurs de la Renaissance méditaient sur des écorchés. Les découvertes de Chevreul ont ouvert un champ nouveau à la peinture et celles d'Helmoltz n'ont certainement pas nui aux combinaisons polyphoniques de Wagner.

Au reste, c'est moins des découvertes de la science qu'on s'inquiète que d'un certain esprit scientifique, esprit d'exactitude et de positivisme qui, dit-on, étouffera toute imagination, toute envolée au delà d'un tableau noir ou d'une table de dissection.

Mais n'est-ce pas une assertion plus erronée encore ? Ne pourrait-on pas dire en variant le mot de Pascal : un peu de science éloigne de l'art ; beaucoup de science y ramène ? L'hypothèse, qui conduit à la découverte des lois générales, n'est-elle pas, par essence, œuvre d'imagina-

Pl. XXVI.

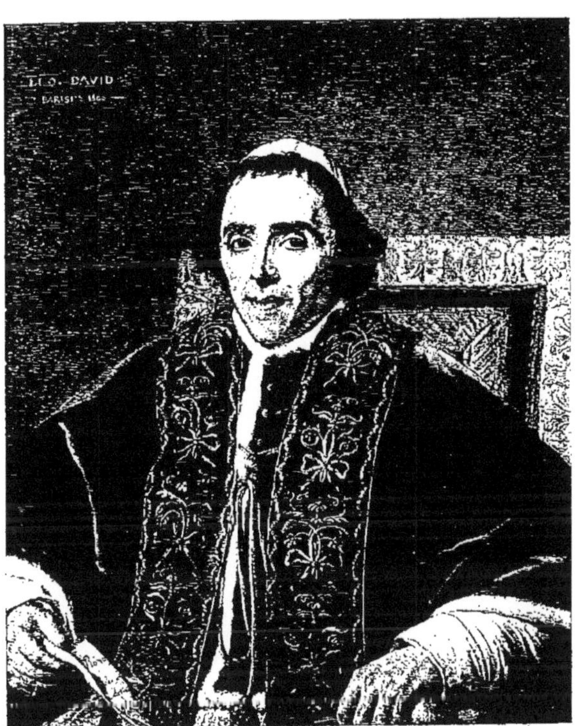

Photo Giraudon.

PIE VII

David. — Louvre

tion ? Newton, Pascal, Ampère, Claude Bernard n'ont-ils pas été des poètes à leur manière et avaient-ils rien de cette sécheresse de cœur et d'esprit qu'on accole gratuitement à la science ?

Et pas plus que l'esprit scientifique, l'avènement des mœurs démocratiques ne doit abaisser le niveau de l'art.

Peut-être y perdrons-nous quelques bibelots artistiques, quelques-unes de ces œuvres d'un art exquis et raffiné, qui font la joie des collectionneurs et des dilettantes. Par suite du nivellement des fortunes, on travaillera moins pour le prince, plus pour le peuple.

Mais l'art ne peut que s'élargir en passant du boudoir à la place publique. C'est pour le peuple que de tout temps se sont édifiées ses plus grandioses conceptions : temples, basiliques, cathédrales, hôtels de ville, cirques et théâtres. C'est dans l'âme du peuple que Palestrina, Bach, Hændel ont puisé leurs inspirations les plus pures. C'est pour lui qu'Homère et Dante ont écrit leurs poèmes, Shakespeare et Molière leurs comédies et leurs drames. L'art se perd dans la quintessence et ne reprend ses forces comme Antée, qu'en touchant le sol et en redevenant humain.

Si les psychologues ont pu confondre un instant l'art avec un jeu d'esprit, c'est sans doute en songeant à cet art de mignardise et de préciosité qui se complaît dans une ciselure rare, un ivoire patiemment fouillé, un agencement ingénieux de rimes ou d'assonances. L'art véritable a une portée plus vaste et plus haute. S'il est vrai que la science ne touchera jamais du doigt le grand

Inconnu qu'elle poursuit, l'art nous consolera de son impuissance en nous faisant entrevoir dans les harmonies passagères dont il nous livre le secret l'image de cette Harmonie supérieure, cause et fin de toute matière, de tout mouvement, de toute vie.

TABLE DES PLANCHES

TABLE DES MATIÈRES

1301. — ÉVREUX, IMPRIMERIE CH. HÉRISSEY. — 4-29

www.ingramcontent.com/pod-product-compliance
Ingram Content Group UK Ltd.
Pitfield, Milton Keynes, MK11 3LW, UK
UKHW022058260726
13993UKWH00001B/192